险道

唐国储◎著

RISK

中国金融出版社

责任编辑：陈　翎
责任校对：张志文
责任印制：程　颖

图书在版编目(CIP)数据

险道 (Xian Dao) / 唐国储著. — 北京: 中国金融出版社，2017.10

ISBN 978-7-5049-9184-3

Ⅰ. ① 险…　Ⅱ. ① 唐…　Ⅲ. ① 商业银行 — 风险管理 — 研究　Ⅳ. ①F830.33

中国版本图书馆CIP数据核字 (2017) 第223860号

出版
发行　中国金融出版社

社址　北京市丰台区益泽路2号

市场开发部　(010) 63266347，63805472，63439533 (传真)

网 上 书 店　http://www.chinafph.com

(010) 63286832，63365686 (传真)

读者服务部　(010) 66070833，62568380

邮编　100071

经销　新华书店

印刷　北京松源印刷有限公司

尺寸　148毫米×210毫米

印张　7.375

字数　140千

版次　2017年10月第1版

印次　2017年10月第1次印刷

定价　35.00元

ISBN 978-7-5049-9184-3

序

林毅夫

北京大学国家发展研究院名誉院长

北京大学新结构经济学研究中心主任

世界银行前首席经济学家

1993 年我国确立社会主义市场经济改革方向以来，中国金融改革同经济改革一样遵循了渐进式改革的方式，取得了很大进步。中国金融业在发展中还存在不少问题有待解决，如当前中央要求“把防控金融风险放到更加重要的位置”，这些问题的解决需要标本兼治，既要治理市场乱象，也要深化金融改革。

唐国储博士 1993 年以来一直从事商业银行风险管理相关工作，多次参与商业银行改革和重组项目，作为业内人士，他把自己多年来关于银行风险管理的工作体会、观察和思考整理成文结集出版，并请我为本书作序。我乐意借此谈几点看法。

本书以商业银行风险管理为主题，内容涉及《巴塞尔资本协议》《COSO 全面风险管理整体框架》等国际银行业风险管理标准的应用、中外代表性银行风险管理最佳实践的比较及银行内部控制、风险管理条线运作等多个维度的内容。我们知道，在宏观层面，金融内生于实体经济动员资金、配置资金和分散风险的需要，没有放之四海而皆准的银行业风险管理标准；在微观层面，商业银行风险管理内生于银行战略。在经济学上，所谓内生变量，是指在给定的外在限制条件下决策者所作的最佳选择的变量；外生变量是指给定的、非决策者选择的变量，在经济分析中，抓着外生变量才能把问题分析得更透彻一点。本书始终从我国经济发展所处的特定阶段看待银行业风险，从银行风险偏好和战略定位角度分析风险管理问题，是很有见地的分析视角。

按照《巴塞尔资本协议》关于资本充足率的监管标准，2008 年国际金融危机之前，欧美许多大银行都达到甚至超过 8% 的资本充足率监管要求，在危机期间纷纷受到重创，有的甚至破产倒闭。相反，国有银行上市前，按照国际标准一些大型国有银行已经是技术上破产，但国有银行改革上市以来一直发展势头良好。这是因为发展中国家相对于发达国家具有后发优势，企业生产的是成熟的产品，应用的是成熟的技术，因此，对于发展中国家而言，产品创新的市场风险和技术创新的风险相对较小，企业家经营能力的风险和道德风险是主要风险。因此，只要按照金融服务实体经济的要求开展各类金融服务业务，国家的金融风险就相对较低和可控。另一方面，发展中国家以中小型企业为主，与经济结构相适应的最优金融结构应该是以地方性中小银行为主，我国目前以全国性大中型银行为主的金融结构不利于中小企业融资。2008 年以来，这种结构性矛盾更加突出。如为了应对 2008 年国际金融危机的冲击，我国银行业监管部门大力提倡银行加大对小企业的信贷支持，许多全国性大中型银行纷纷设立了专门的小企业融资部门，有的发展战略转向小企业战略。2014 年以后受经济周期性波动的影响，这些银行的小企业不良贷款率大幅上升。事实说明，这些大中型银行的小企业战略已经受挫。解决问题的出路不仅仅是商业银行需要调整经营战略，更需要国家层面调整金融结构，大力发展地方性中小银行支持小企业融资需求。

2015 年 10 月，央行宣布对金融机构不再设置存款利率浮动上限，标志着我国利率市场化改革基本完成。金融自由化的前提，一方面是金融机构的银行家们需要丰富的金融业经营管理能力，更主要的因素是金融机构需要具有自生能力。存款利率上限放开后，许多地方性中小银行短期内通过发行大量同业存单，导致同业负债大幅增长，由此驱动同业投资大幅增长，这些同业投资通过银行各类创新产品，规避监管要求，大多投向了房地产、政府融资平台、高风险的企业债等高风险领域。显然，在这些业务范围广泛的高风险领域，地方性中小银行是缺乏自生能力的。中小银行大量进入这些自身缺乏自生能力的领域，表明银行商业化改革和监管改革还不到位。近年来，部分银行负债驱动资产的发展模式也是不可持续的。在金融体系的动员资金、配置资金、分散风险的三大功能中，配置功能是首要的。因为，在给定的金融总量下，如果配置是最优的，那么，产生的剩余就最多，资金回报率就最高，在剩余中会用来作为积累的就最多，因此，下一期可以动员的资金就最多，所以，动员的能力从属于配置的功能。如果作了最佳的配置，失败的概率应该最低，风险应该最小。所以，一般而言，在金融体系的三大功能中，配置功能是首要的，其他两个功能是从属的。具体对于金融体系中的商业银行业务发展而言，既然资金配置功能是首要的，银行应该遵循资产驱动负债，而不是负债驱动资产的发展模式。本书在资产负债风险管理部分对近年来部分商业银行走上负债驱动资产发展模式的前因后果进行了详细的分析评述。

本书篇幅不长，所选文章都来自作者多年实战经验的感悟，对于银行从业人员而言，有助于他们从宏观视角看待工作中遇到的风险问题；对于相关研究人员而言，有助于他们加深对商业银行实际运作层面的理解。这是一本很有价值的参考书。

（2017 年 7 月 10 日）

自　序

每家银行的风险管理都不一样

多年前我与首席风险官上司谈银行风险管理，领导开口就是一声长叹“唉！每家银行的风险管理都不一样！”那时的我对此不以为然，风险管理不是可以遵循“最佳实践”吗，为何每家银行都不一样？

问题是如何定义“最佳实践”。1997 年亚洲金融危机以后，国内银行业风险意识增强，学习国内外银行最佳实践蔚然成风。如货押业务、联保联贷业务等业务模式及新资本协议等，先后作为国内银行业争相学习的“最佳实践”。

2000 年前后，首先受到亚洲金融危机影响的广东地区，部分股份制银行率先学习外资银行的大宗商品货押融资业务，后来又称供应链融资业务，至 2005 年左右，全国股份制银行大多开办了供应链融资业务。2008 年国际金融危机以后，除汽车、手机等行业供应链融资业务经受住了 2008 年国际金融危机的冲击外，钢贸、煤贸、油贸等大宗商品融资业务风险集中爆发。同是供应链融资最佳实践，为何汽车、手机行业商品融资取得成功，而钢贸、煤贸、油贸行业融资损失惨重？因为前两个行业供应链中，核心厂家对终端商品销售数量和价格具有很强的控制力，银行信用嵌入供应链商业信用可有效缓释风险；后三个行业缺乏这样的供应链内部控制和商业信用环境，银行融资风险完全暴露在超出银行控制范围的动产监管风险之下。可见，这些逻辑化的经验，一旦超出逻辑前提条件适用范围，他行的经验就会成为本行的教训。

也是在2000年前后，江浙地区银行业逐渐兴起联保联贷所谓的“创新”业务。不久，它成为当地银行业，继而成为全国以中小企业信贷业务为主的银行仿效的“最佳实践”。如今，在去产能、去杠杆的宏观背景下，曾经的联保联贷业务风险集中爆发。该“创新”业务也没有逃脱业务逻辑的惩罚，因为3～5个不符合信贷条件的企业，联保后就可以从银行借到单个客户原申请额3～5倍的贷款，这实质是不符合业务逻辑的过度授信。民营担保公司担保授信风险的教训也是如此。

新资本协议，也是一套逻辑化的经验，不符合这些逻辑框架，在风险管理实践中就会碰壁；但是照搬这些逻辑框架，不一定能确保成功，如2008年国际金融危机，许多大型国际银行虽然符合新资本协议的监管要求，最终还是破产了。

“兵无常势，水无常形”。逻辑是抽象的，经验都是具体的。每家银行都有自己的成长历史，历史的逻辑不是谁对谁错，而是是否有效果。错了没关系，只要在实践试错面前肯认错，及时总结风险案例，错误改得快，取得大家满意的效果，你的主张就是对的（不在乎逻辑假设是否真实）。以成败论英雄，这是历史的逻辑，也是经验化的逻辑。由于经验是消耗资源取得的，资源总是稀缺的，尤其对于处于困境中的银行资源更加稀缺宝贵。因此，以目标成败为导向，就必须尊重以稀缺资源换来的经验化的逻辑，使之与银行目标相一致（这也是全面风险管理框架的功能）。然而，在掌握资源、决定银行目标的管理层面前，经验化的逻辑又是苍白的，每一次重大风险案例都可能改变银行风险管理架构、政策和流程。如果管理层能一致性地按照经验化的逻辑分配资源的使用方向，资源使用的效率就高，实现目标的把握就大；反之，朝令夕改、政出多门、无畏风险，资源浪费就大，实现目标的把握就小。银行经验化的逻辑集中体现为风险管理实战能力，是银行的核心竞争优势，银行的成功都是坚持和发挥自己的优势取得的。因此，成功的银行家都是经验化逻辑的集大成者，绝不仅仅是一个逻辑化经验的渊博之士。难怪风险官都会慨叹，每家银行的风险管理都不一样！

（2015 年 5 月 10 日）

目　录

第二章　风险偏好与战略定位 / 041

第三章　风险技能 / 117

第一章

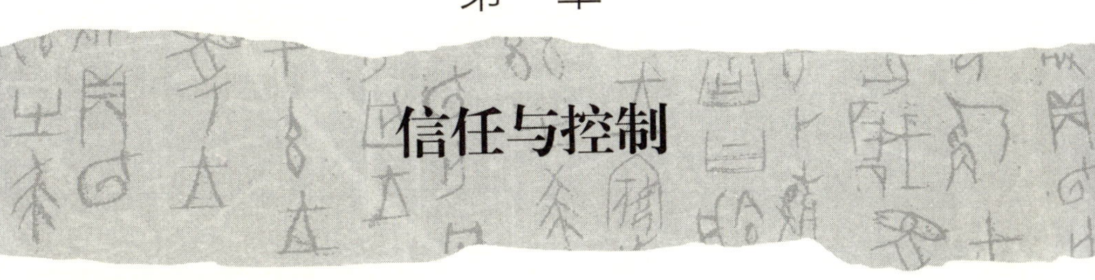

信任与控制

复杂系统与控制

2015年年底深圳光明新区塌方事故，媒体关注的焦点是救援和追责。令人难以置信的是，国内技术最发达的深圳市为何发生了这样的工程事故。也有一位工程系毕业的新闻人士从工程设计的角度进行了评论。他说，工程设计中最难的不是对钢材的控制，最难控制的是土，土的结构是最复杂的。因此，高层建筑都要把钢筋打到土层以下的岩石层，把力学结构不可控的土材转化为可控的钢材。在经济社会领域，也常常借用工程学词汇。如对失控的群体事件常用“塌方”比喻：山西政坛塌方式腐败、A股因熔断机制导致闪电式崩塌等。对于这类复杂系统，其共同特征是：初始条件的极小偏差将会引起结果的极大差异。这在混沌学中被称为蝴蝶效应。越复杂的系统越不稳定。为了应对复杂系统运行结果的不确定性，需要把复杂问题简单化。复杂的经济社会体系管理，需要建立基础管理架构，借用工程学词汇，即需要建立几大支柱。如国家混乱有忠臣，忠臣被称为栋梁之材；金融基础设施除了硬件外，还包括法律、会计和监管三大支柱；新资本协议关于银行监管也归结为三大支柱：资本充足率、监管评价、信息披露。这些都是宏观复杂系统问题。本文主要从商业银行微观角度分析银行的复杂性及其风险控制支柱。

从复杂系统的角度看，由于银行尤其是大中型银行，业务流程长，银行在政策目标、组织架构等环境方面的微小偏差，就会导致业务流程控制效果方面的巨大差异。

以国有银行为例。1997年亚洲金融危机后，国有银行不良贷款大幅上升，被外界认为已经技术上破产。其原因除了外部经济环境影响外，当时国有银行普遍缺乏内部控制基础架构也是重要原因之一。1997年金融危机以前，国有银行从总行到分行、支行，都是实行行长负责制，前台、中台、后台，各业务条线、各职能条线没有进行专业细分，最终决定系于行长一人身上。由于银行业务的复杂性，行长需要处理的信息量十分巨大，远远超出任何一个人理性决策的限度。但是，行长的意见，甚至行长的各类会议讲话就代表全行的政策，总行、分行、支行各级机构都必须执行，行长意见对政策执行效果的影响十分巨大。行长意见可能受某个秘书、某个部门的影响，有时难免存在片面性或随机性，缺乏充分论证。行长意见一旦偏离事实基础，全行执行后的不良后果就难以避免。国有银行发展实践证明，这样松散的控制体系支撑不起银行这样业务复杂、规模巨大的机构。早在1992年，虽然当时中央政府就要求银行“收权严控”，但是由于国有银行建设内控支撑体系有一个过程，到2006年国有银行陆续上市前，“收权严控”还是主要依靠人来控制。国有银行上市后，逐步建立起公司治理和风险治理架构，首席风险官、首席财务官、首席稽核官等重要职位，在条线职能方面开始分担原来由行长一人承担的职能，总行层面才有了内控支撑体系。

近十年来，虽然国有银行整体的公司治理和风险治理水平有了很大进步，但在国有银行内部各分行的风险绩效仍然存在较大差异。如近年来经济下行，同一家银行，虽然全行不良率相对较低，其有的分行不良率却很高，甚至出现风险集中爆发现象。究其原因，这些分行的信贷业务决策权或者信贷部门负责人任免仍然还是由分行长控制，分行风险官等条线负责人也主要是向分行长汇报，缺乏决策独立性。即这些银行在分行层面仍然是过去的行长负责制，内控支撑体系没有延伸到分行，总行对分行没有真正做到垂直管理。这种情形类似支撑公司治理和风险治理“高层建筑”的内控支柱没有插到“岩石层”。在这种内控环境下，一家银行内的某些分行的风险管理出现局部“塌方”是不难理解的。

风险来源于不确定性，不确定性来源于复杂性。综上可知，银行风险控制既要用“铁规章”的确定性应对流程结果的不确定性，更要用内控支柱的可控性简化银行决策和执行体系的复杂性；以简单的直线管理、单向汇报，代替多头管理、多头汇报；将行政管理、人事管理、绩效管理融入专业管理、从属于专业管理，而不是平行于或高于专业管理。最终，使专业创造价值成为银行核心理念，真正使风险管理成为银行的核心竞争力和立行之本。

（2016年1月20日）

释礼归仁：信任与控制

这个题目是借用了李泽厚近著《由巫到礼，释礼归仁》的半句书名，讨论银行风险管理信任与控制的关系。李泽厚的主要观点，即巫术礼仪是在上古先人敬畏神明的祭拜活动中形成的，周公“制礼作乐”完成了外在巫术礼仪的理性化体制建构，孔子释“礼”归“仁”，强调了巫术礼仪中也包涵着敬、畏、忠、诚、庄、信的人间情感，即孔子完成了内在巫术情感的理性化。从中国文化的源头看，先有礼制建构，后有理性情感建构。当下中国仍处在由传统向现代的转型中，经济生活的主体早已由家庭转为企业。经过30多年的市场化改革，中国已成为世界第二大经济体，中国企业管理关注的问题已由市场经济早期的体制和机制问题，发展到商业道德构建问题；由工业企业的管理问题，发展到金融等高端服务业管理问题，但商业道德与制度建设的关系问题仍然是企业尤其是风险密集的大型企业面临的生死攸关问题，至今没有得到很好的解决。

20世纪90年代，我曾随总行领导到华为公司调研，那时的华为已名声在外，面临的困难也不少。总行领导问华为总裁任正非当初为何选择通信交换机行业，任总不加思索地从文化角度做了回答。他认为中国企业虽然火柴做不好，但能把火箭送上天，大脑资源是中国人的优势，不足在于规则意识不强。无独有偶。2008年金融危机之前，中国经济持续了多年的高增长和信贷大投放，有一次在北京参加银监会季度形势通报会，参会领导认为，虽然银行信贷规模快速扩张，但信贷风险管理水平并没有同步提升。原因之一是中国银行业现行信贷管理既丢掉了早年模仿的苏联时期的驻厂信贷员制度和银行“三铁”制度，又没有学会欧美银行信贷管理体系。大概这是后来“三个办法一个指引”出台的背景。为何把华为与银行放在一起说呢？根据花旗银行前CEO沃尔特·瑞斯顿的观点，银行也属于信息服务业，与华为同属信息行业，都属于产品门类众多、风险密集的行业，如大银行产品数量一般都有几百种，多的达上千种。如果用产品种类定义一个行业的复杂程度，那么银行属于高度复杂的行业。这也是全球最先进的计算机都率先在银行业投入使用的重要原因吧。反观工业企业，产品门类相对较少，管理和控制相对容易。如以中国迄今最成功的家电制造企业格力电器为例，主要产品是空调，相对单一，所以该类公司管理标准化程度也高，公司内部廉洁，社会信誉好，甚至其厂区都已经实现宾馆式管理，能做到垃圾不落地。对于格力这样的技术密集的企业，成功的关键是全面质量管理，实现产品零缺陷；对于华为和银行这样的风险密集的行业，成功的关键是全面风险管理，零风险是做不到的，但把风险控制在容忍度范围内是有把握达到的目标。

改革开放30多年来，中国银行业风险控制体系建设是从朱镕基兼任央行行长时期开始的。1993年宏观调控，针对全国投资过热、不良贷款上升，他向国内银行下达“收权严控”的指令，如何“严控”各行都在摸索。美国新桥公司控制深圳发展银行后，参照西方银行条线化管理做法，对信贷、财务、稽核三个条线实行总行垂直管理，很快扭转了资产质量严重恶化的困局，在有效控制的基础上，向分行派驻信贷执行官和授权下放。在总结深圳发展银行等国内外银行风险管理经验基础上，银监会将条线化垂直管理正式写入监管规章。然而，国内银行风险垂直管理改革并没有完成，如近年来，国内银行大宗商品贸易融资风险、保理融资风险频发，就暴露出许多银行风险控制流程形同虚设。“三个办法一个指引”只是信贷业务层面的规章，如果内控失效，再好的业务制度都会失其所依。历史会重演吗？2008年国际金融危机后，国内银行又一次面临是“收权”还是“严控”的抉择。

无论从中国文化的源流看，还是从近30年中国银行业改革历程看，先有控制，后有信任和授权。控制范围覆盖到哪里，信任和授权就可以延伸到哪里。没有控制的信任和授权，终将以失信和收权结局。银行要打破“一放就乱，一收就死”的魔咒，必须充分认识银行业的本质特征是信息服务和风险管理；风险管理的核心，不是机器设备，不是货币资本，而是人力资本。人可以信任，不可以控制，控制的对象是政策和流程。关于信任与控制的关系，华为给出的答案是“力出一孔，利出一孔”；2008年金融危机后走上美国银行业霸主地位的富国银行给出的答案是“当我们把所有的政策和流程抛开，我们仍然可以做业务”，控制手段已经内化为企业的信任文化。

（2015年6月7日）

老子、德鲁克与林毅夫

为何把德鲁克、林毅夫两位学者与老子放在一起比较呢？因为他们对人类理性行为的认识，均可上溯到两千多年前老子《道德经》的思想源头。

人性善恶是两千多年来中西方哲学家争论的一个基本问题。老子认为有无相生，善恶都是相对的，没有绝对的善恶之分。如“天下皆知美之为美，斯恶已；皆知善之为善，斯不善已”。又说，“是以圣人长善救人，故无弃人；长善救物，故无弃物”。孔子也不讨论人性善恶，认为“性相近，习相远”，人与人性格的差异是后天习惯造成的。孟子始终提倡性善论。西方基督教文化是性恶论。

德鲁克1909年出生于奥匈帝国统治下的维也纳，先后在奥地利和德国接受教育，在基督教文化环境下长大，后来移居美国，成为管理学大师，一生写了六十多本管理学专著，被尊称为“现代管理学之父”。德鲁克的管理理论无关人性善恶，主张对人要正面评价，用其所长；对事要负面评价，精益求精。德鲁克关于做人做事的观点，与新文化运动的旗手胡适的两句座右铭“做人要在有疑处无疑，做事要在无疑处有疑”有异曲同工之妙。

林毅夫1982年从美国留学归来后，在北大创立经济研究中心（现已扩展为国家发展研究院），讲授现代经济学，并创立了比较优势发展理论，及现在作为中国政府及发展中国家经济政策理论基础的新结构经济学理论。前不久，北大国家发展研究院又成立了新结构经济学研究中心，向国内外学生和政府官员传授林毅夫的新结构经济学。在国内经济学家中，林毅夫可能是争议最少的一位。这可能与他坚信的理性人的观点有关。理性人假设是现代经济学的基本假设，林毅夫在北大经济研究中心授课，经常引用五千言《道德经》中的名句，因为他认为老子主张的“常无”与现代经济学理性人假设是相通的。根据林毅夫的比较优势理论，无论是对于国家，还是对企业、个人而言，都主张从发挥其比较优势出发制定战略，而不是基于阴谋论、善恶论制定经济对策。

比较优势是外生变量，理性选择是内生变量。无论是德鲁克管理理论，还是林毅夫经济学理论，核心都是在外生变量一定的前提下，研究理性人的行为。随着外生变量的变化，理性人的行为也会改变，正如老子说的“道可道，非常道”。改变人的行为，就要改变影响其行为的外生变量，亦如孙子曰“求之于势，不责于人”。

（2015年8月20日）

儒道互补：中国式企业文化

近日，反腐纪录片爆出万科公司向官员行贿的信息，对于从不行贿的王石及万科而言，这是一件重大负面新闻。人们常说，一个企业的文化，就是一把手的文化。一把手固然对企业文化有重大影响，但真正影响企业文化的思想源头还是一个社会的文化传统。企业文化相对于社会文化传统而言属于亚文化范畴，传统文化是根，企业文化是枝丫。经济学家张五常一向敢说敢言，近期在上海一次演讲中谈到，由于中国的文化和风俗，腐败的界限是难以划清晰的。哪怕一届政府的文化也难以独立于文化传统而运作。一把手在企业文化形成中的作用，在于如何将传统文化“创造性转化”（林毓生语）为企业文化，这是组织成功、兴旺和基业长青不可或缺的因素。对于个人成功而言也是如此。

20世纪初，主张“兼容并包”的蔡元培主政北大，开学术与自由之风，在政学两界皆得人缘，成绩斐然。20世纪40年代任北大校长的胡适，主张“全盘西化”（用李泽厚的话说是“转化性创造”），最后在政界“误入歧途”。类比来看，100年后的今天，北大也有这样的两位教授代表：林毅夫与张维迎。林毅夫主张“有为的政府”与“有效的市场”，张维迎主张“市场的逻辑”，反对政府干预经济。20多年来，林毅夫在政学界都有大批支持者，而张维迎用“市场的逻辑”看待“大学的逻辑”，不得不从北大校长助理职位上退下来。在传统文化方面，张维迎独尊老子，而林毅夫则贯通儒道释三家。

这样的例子在企业界则比比皆是。平安保险公司成立近三十年，超常发展，现在已经是全球500强企业，像其他成功的大企业一样，平安非常重视从内部提拔管理人才，维系“老平安血统”，但老平安们谁也不是“金饭碗”，比如平安系高管中通过市场招聘的外籍人士超过一半。在平安的企业文化中，把汇报路线作为企业的伦理，上级管下级、下级对上级负责，下级工作没做好，除了直接上级，其他职务再高的人也帮不着你。管理者能上能下，各层级员工均实行末位淘汰。

在平安这样后起之秀的追赶下，历任行长均是从内部提拔的工商银行近些年来也加大了干部能上能下的市场化改革。但迄今为止，有的国有银行甚至近些年成长起来的股份制银行，行长是上头派来的，新行长到任后对管理岗位形式上走了一遍“全体起立”、干部能上能下，实质上仍然是“一朝天子一朝臣”，仁爱宽厚、激励不足，没有末位淘汰，员工抱的还是金饭碗。这样的银行管理方式与政府的管理方式接近，与市场化的管理方式隔得远。这样的银行在市场竞争中无疑会处于被动地位，看似稳健，实则竞争力虚弱。

万科又是另一种类型。王石是在“白猫黑猫，逮着老鼠就是好猫”的时代成长起来的企业家，他既不当人大代表，也不当政协委员，离政府远远的，属于市场化的极端。个人生活上，王石也喜欢走极端，如登山。王石也许以为极端市场化的职业经理人制度就可以管理好万科。万科在经营上确实很优秀，但万科今日的危机恰恰不在经营方面，而是控制权出了问题。在上一次控制权危机中，一向远离政治的王石找来大股东华润集团。现在看来，华润入股以来，王石与大股东之间并没有建立信任关系，仍然是股权交易关系。这种交易关系对于已经成长为世界500强的万科而言，其控制权潜藏着很大的危机。结果今年万科第一大股东地位被一个不知名的宝能公司轻易夺去。万科今日之困境难道不是其创始人王石极端市场化种下的苦果吗？对于云游天下的王石而言，他或许也是老子的信徒。即使是的话,他还不是真正的道家人物，老子不是说“功成而不居”吗？

（2016年11月7日）

公司治理与信贷文化

北京大学韩毓海教授（《五百年来谁著史》的作者）认为，代表中国文化的主体不是诗词歌赋、四书五经，而是中国历代的政治、财税、司法、军事等有关国家治理的典籍和奏折。同理，虽然现在出国旅游的人多了，但要深入了解外国文化，仅靠出国旅游是不够的，还需要走进所在国的家庭和社区。我们常说的企业文化也是如此，只有置身其中才会有所体悟。

以原深圳发展银行为例，多年前的工作体会是，信贷文化蕴含在公司治理中。该行的治理结构比较特殊，由于一直找不到合适的行长人选，曾经在五六年时间里，CEO既是董事长也是行长。CEO虽说大权在握，但他与高管层的分工是清晰的。有一次，风险官鉴于业务条线的压力，就一笔贷款业务是否要批，请示CEO的意见。为了解这笔业务，CEO接连问了几个问题，风险官都一一作答，最后风险官问“这笔贷款可以批吗？”，他没有直接回答“Yes”或者“No”，而是把同样的问题丢回对方“你看呢？”对于不属于他职能范围内的事项，他明白自己只是一个咨询者，不是决策者。在高管层的风险委员会上，他的角色也是如此，他只是该委员会的委员，不是委员会主席，主席是风险官，对于委员会审议议题，三分之二委员通过后，风险官有最后否决权和操作层面内容修改权，CEO在委员会也只有一票的权力。全行季度和年度工作会议，CEO只有10分钟的发言时间，各条线分管行长、财务官、风险官各有15分钟发言时间，计时员到时敲钟提示，用不了半天会议就结束了。这样的全行工作会，既是经营成果通报会，也是高管层与员工沟通的嘉年华。全行工作会不是决策机构，不出台政策，各项政策决议都须经过高管层的各类专业委员会审议决定。由于会议简短，会议材料也很简单，各位高管层的汇报材料控制在6～7页PPT。其实，关于汇报材料，该行还有一个不成文的要求：部门负责人向主管行领导书面汇报，汇报材料要控制在3页以内，主管行领导向CEO汇报材料要控制在一页以内。很多银行都提倡简单、务实的文化，但真正能做到的确实不简单。

关于合规、尽职信贷文化，银行高管层无不重视，从近些年来银行业频频发生的大宗商品融资和保理融资风险看，做到的银行并不多。原深圳发展银行实行信贷垂直管理体制以后，分行信贷执行官直接向总行汇报，虚线向分行行长汇报。改革初期，争议很大，分行行长认为，既然信贷执行官直接向总行汇报，信贷执行官就应该对分行信贷风险承担第一责任。对于这个争议，CEO断然给予了否定。他认为第一责任人是分行行长，但各位分行行长从内心并不接受。直到有一次某分行因支行监管不到位出了大额的风险案例，这个分行长被扣罚了一大笔奖金，而信贷执行官没有被扣罚，其他分行长才从这一次责任追究中意识到分行长第一责任是来真的。又有一次，一位信贷执行官违规办理出账借钱给朋友炒股，这位朋友炒股赚钱后全额偿还了贷款本息。这件事被检查发现后，这位信贷执行官被总行风险官罢免了。

上行下效为信贷文化营造氛围，之所以能够做到上行下效，还在于专业创造价值的理念能够成为全行人力资源管理实践的共识。如原深圳发展银行信贷专业条线员工薪酬曾经普遍低于市场薪酬，该行参考国内银行同业薪酬状况，重新设计了各个专业序列的薪酬体系，信贷条线基本薪酬在行内各专业序列中成为最高的。考虑到利润压力，全行同步加薪有困难，而信贷人员培养周期长，经验丰富的信贷人员很容易被同业挖角，当年原深圳发展银行采取分批、分步加薪的方式，优先给信贷条线加薪、优先给骨干加薪，留住了大批骨干人才，其他信贷人员也看到了希望和发展前景。信贷文化属于价值观范围，不能简单等同于金钱。我还记得，全行信贷条线在北京远郊开半年工作会，在北京开会的CEO抽空赶到会议地点给参会信贷人员讲话鼓劲，讲话大约15分钟左右，但为了这15分钟讲话，他来回的路上要花4个多小时。当然，他觉得值才会来。

信贷文化是风险管理之魂，越是困难的时候，越需要文化自信。但文化看不见，摸不着，又确实存在，正如老子所言“恍兮惚兮，其中有物；恍兮惚兮，其中有象”。文化在管理行为中，在员工的心里。

（2015年6月14日）

风险管理框架与视野

银行业是一个高度复杂的行业，银行产品和服务种类成百上千；银行也是一个高风险的行业，银行破产轻则引起地区性风险，重则影响到国家社会安全稳定。理解这样一个复杂行业的风险，需要有一个与其复杂性相称的理解框架。可以说，建立正确的理解框架是做好风险管理的捷径。线性思维是一维的，最简单，一条大路一直往前走，不用拐弯。然而，股票岂能一直上涨，人生岂能没有沉浮起伏、三回九转？蚂蚁知道拐弯，说明蚂蚁的理解力是二维的。人类社会比蚂蚁社会复杂多了，人类需要三维或多维的理解框架。“三生万物”，三是复杂系统的阈值。当然三维以上的多维就超出了人们的直观理解力。《孙子兵法》第一章提出全书的框架：道、天、地、将、法，孙子关于军事框架是五维的。刘伯承元帅活用《孙子兵法》，总结出了“五行术”军事思想，他的名言是“五行不定，输得干干净净”，他的“五行术”是指“任务、敌情、我情、时间、地形”。这是五维的军事思想框架。中医的理论框架至今仍然是阴阳五行，是七维的，难怪中医难学。据学者考证，《老子》成书晚于《孙子兵法》，《老子》全书的框架在第二十五章："域中有四大，道大，天大，地大，人亦大"，这是四维的理解框架，比《孙子兵法》少了一个维度，当然《老子》更抽象。软银集团创始人孙正义在《孙子兵法》的基础上扩展出五维的战略思维框架：理念（道天地将法）、愿景（顶情略七斗）、战略（一流攻守群）、领导者能力（智信仁勇严）、战术（风林火山海）。孙子、老子与风险管理有何相通之处？他们都是研究复杂环境下、不确定条件下的决策，其理解框架应该也有相似之处。

在风险管理实践中，风险管理人员一个常见的偏见是，只看到风险，没有看到收益或风险控制措施，给人的印象是这样的风险管理人员很难沟通。因为其风险观是一维的，难以概括大量复杂的风险现象。另外一种偏见是相信高风险、高收益，以为风险与收益的关系是线性的。这种看似兼顾了风险与收益的两维风险观，实质也是一维的风险观。当今主流的风险观是用波动来定义风险，这是二维的风险观，也是新资本协议的风险观。2008年国际金融危机表明，新资本协议二维风险观并没有真实反映银行业复杂的风险现象，表明其风险管理框架需要扩展了。这就是2004年COSO提出的三维全面风险管理框架，为何在2008年国际金融危机后受到业内普遍重视的原因所在。

COSO全面风险管理框架的三个维度是：目标、要素（流程）、组织层级维度。根据该框架，影响目标实现的负面信息就是风险。该框架为了简化，把风险理念、组织架构、人员管理、绩效考核、薪酬管理、汇报路线等诸多重要因素合称为全面风险管理要素维度的八大要素之一，与其他七个要素同等看待，统称为“内控环境”要素。其实，内控环境要素的重要性远远超出其他七个单一要素的重要性，二者不是并列相加的关系，应是乘数关系，即内控环境要素可以独立出来，作为全面风险管理框架的第四个维度。如当前国内银行业钢贸、保理等贸易融资领域的风险案例，并不是信贷流程、产品设计出问题，而是内控出问题了。内控环境一旦出问题，信贷流程就形同虚设，如果将内控出现的问题让产品设计部门来承担责任无益于问题的解决。既然如此，为何不把内控环境作为全面风险管理框架的一个面，而是作为一个点来设计呢？

此外，COSO全面风险管理框架还缺乏时间维度。既然该框架是全球银行业的管理框架，就既要适合发达国家的银行，也要适合发展中国家的银行。如在已经完成工业化、城市化的发达国家，房地产是夕阳产业，房地产融资是高风险领域；但对于还处在工业化、城市化进程中的发展中国家，房地产是朝阳产业，房地产融资风险虽然相对较高，但其风险管理方法是成熟可控的。又如，新资本协议要求发展中国家与发达国家银行执行统一的资本充足率监管要求，甚至对发展中国家要求更高的资本充足率。其实，发展中国家的产业技术、产品大多是过去发达国家的成熟技术和产品，银行给这些产业融资的风险相对较低；而发达国家现有的产业和技术大多处于当今产业前沿，技术和产品还不够成熟，产业失败的概率高，银行给这些产业融资风险相对较高。因此，恰恰相反，发达国家银行资本充足率要求高于发展中国家才符合逻辑。再如，经济周期是影响风险管理的重要方面，如经济上升周期，中小企业信用风险相对较低；经济下行周期，中小企业信用承载能力相对较弱，风险相对较高，信用风险承载的主体是政府信用、大客户、基础设施等大项目。虽然经济周期因素已经纳入资本监管要求，但并没有纳入全面风险管理框架。

综上所述，从实际应用效果看，COSO三维的全面风险管理框架有必要扩展到五维框架，即目标、流程、层级、时间、内控，增加时间和内控环境两个维度。“不识庐山真面目，只缘身在此山中”，风险管理框架的维度扩展了，风险管理人员的视野就开阔了。

（2016年1月4日）

五形无常胜：最佳实践与实施方略

2016年9月30日，中国银监会正式发布《银行业金融机构全面风险管理指引》，这是国内外首个关于银行业全面风险管理的监管指引。这表明，中国银行业在全面风险监管制度建设方面，已经实现了由引进、消化到领先的转变；另一方面，从商业银行角度看，虽然风险管理水平先进的商业银行在全面风险管理体系建设和探索方面取得了重要进展，但整个银行业如何借鉴先进银行成功实践，贯彻落实、推广全面风险管理监管指引仍将面临巨大挑战。

1997年亚洲金融危机后，中国银行业开始向欧美银行业学习风险管理。一是翻译引进银行风险管理行业标准；二是通过考察或外资行参股的方式学习欧美先进银行风险管理最佳实践。风险管理行业标准主要是两套，一套标准是巴塞尔委员会的监管文件，核心是巴塞尔资本监管协议，包括1988年的巴Ⅰ、2004年的巴Ⅱ、2010年的巴Ⅲ。另一套标准是COSO的两个文件：1992年的《内部控制框架》和2004年的《全面风险管理框架》。对银行业内控与风险管理而言，COSO的两个管理框架更为基础，由于巴

Ⅰ在1997年亚洲金融危机、巴Ⅱ在2008年国际金融危机中的表现不佳，所以巴塞尔委员会分别于1998年颁布的《银行机构内部控制框架》、2012年修订的《有效银行监管核心原则》，分别纳入了COSO以上两个管理框架的内容。1997年以后，中国银行业监管部门积极跟随巴塞尔委员会监管方向。同时，针对国内商业银行改革的迫切需求，在借鉴COSO的管理框架方面，中国银监会是领先于巴塞尔委员会的。如2007年中国银监会发布实施新资本协议指引时就对银行提出了建立全面风险管理体系的要求，比巴塞尔委员会早了5年；这次发布的全面风险管理指引则在全球银行业监管中处于领先水平。

为何中国银行业对于COSO的内控框架和全面风险管理框架的需求比欧美先进银行更为迫切呢？2002年以来，国有银行改革上市及国内大中型银行引入外资银行股东，对比国际先进银行管理经验，国内银行风险管理方面存在的一个主要问题是内控风险突出，主要表现是总行对分行控制力弱，每个分行在很大程度上类似一家银行，总行没有条线垂直管理的理念和做法。2007年，在总结国内银行引进外资银行参股后的改革实践经验，银监会当年修订发布的《商业银行内控指引》明确要求“商业银行应建立严格的授信风险垂直管理体制”（第三十五条）。这是当时国内银行业对垂直管理还存在争议的情况，明确了国内银行深化改革的方向和监管要求。2008年国际金融危机后，虽然国内银行业讨论垂直管理问题少了，但并不表示国内银行垂直管理改革已经完成，对于那些总行对分行控制力偏弱的银行而言仍然是改革的首要任务。

COSO的全面风险管理框架的八要素（内控环境、目标设定、事件识别、风险评估、风险对策、风险控制、信息沟通、监督检查），是在其内部控制框架五要素基础上（内控环境、风险评估、风险控制、信息沟通、监督检查）扩展而来的，因此前者涵盖后者。针对中国银行业风险管理的现实特点和监管需要，银监会颁布的全面风险管理指引，包括如下五个要素：风险治理架构，风险管理策略、风险偏好和风险限额，风险管理政策和程序，管理信息系统和数据质量控制，内部控制和审计体系。银监会新闻通稿中没有解释全面风险管理框架是否涵盖内控指引。从两个监管文件的内容看，内控指引与全面风险管理指引是并行的。银监会全面风险管理框架重在建立统领商业银行内部各条线风险管理的集中、统一的管理流程。在当前商业银行综合化经营和事业部制改革趋势下，建立集中、统一的风险管理体系无疑是十分必要的。由上可知，按照COSO全面风险管理理念，中国银行业全面风险管理框架应该同时符合银监会内控指引和全面风险管理指引的要求。因此，中国银行业全面风险管理体系应是以垂直、集中、统一为改革目标的风险管理体系。

全面风险管理框架五要素也好、八要素也好，这些要素类似中医的几位药材，用这几味药可以开出不同的处方，一家银行的全面风险管理体系就类似用这几个要素开出的一个药方，病症不同，药方也不同，在银行风险管理实践中，几乎每家银行的风险管理体系都不一样。适合的才是最好的，所以建立全面风险管理体系的首要原则是匹配性原则。以工商银行为例，该行上市以来，垂直管理力度逐步增强，由于工行是全球最大的信贷银行，其信贷又以对公信贷为主，因此该行的全面风险管理多年来一直是以总行信贷管理部为主，实现集中、统一的全行风险管理。在股份制银行中，招商银行风险管理比较稳健，内控和分行执行力一直比较强。该行实行的是大风险管理体制，总行风险管理部是全面风险管理部门，负责对公信贷管理，同时负责市场风险和操作风险管理。由于对公信贷风险是该行的主要风险，总行风险管理部管着对公信贷风险，再对市场风险、操作风险实行集中、统一管理就具备了条件。相反，有的银行虽然名义上由风险管理部负责全面风险管理，但各事业部的风险管理分散在各业务条线中，全行风险实质上是多头管理，而不是集中统一管理，最终，总行对事业部、对分行的风险管理失去控制，不得不再次将事业部的审批上收到审批部，信贷管理上收到风险管理部。因此，正如中医要求对症下药，养好精、气、神，各行全面风险管理实施方案和路径可以存在差异，但都必须能够实现垂直、集中、统一的风险管理目标，才能有效确保业务的平稳发展。

（2016年10月7日）

权力中心、信息中心与风险治理

多年前，曾问过一家国际咨询公司的合伙人，其公司中国区总部所在地在哪个城市。答曰，原来设在上海，后来发现上海不如北京，又迁到了北京，因为北京具有明显的信息优势。比较发现，这种个案具有普遍性。据报道，2014年，国内一线城市引进的跨国公司中国区总部数量，虽说上海已经数倍于北京，但《财富》500强企业全球总部数量北京以绝对优势领先上海，即使跨国公司中国区总部设在上海的，大多也在北京设立政策性总部。北京是政治中心，之所以具有信息优势，因为信息流具有向权力中心汇聚的自然特性，因此，权力中心大多也是信息中心。中国上万家驻京办是如此，大洋彼岸也是如此。据称，白宫附近的“K”街是全球最著名的“驻京办”，《财富》500强公司悉数在列，从事院外游说的人数已经达到数万人。可见，权力中心亦是人流、信息流的汇聚中心，这是客观现实。至于是否合理，是否需要拆掉各类“驻京办”不在本文讨论范围，也没有抓住问题的关键。问题的关键是如果权力过于集中，流向权力中心的信息流是否泛滥、堵塞和失真？一个国家治理是如此，一个企业的治理也是如此。在国内商业银行治理改革中，权力中心与信息中心的变动方向和现状如何呢？

在公司治理理论中，一般把董事会与高管层不做区分地并称，因为在管理实践（以下各类治理表述均指管理实践）中，有的企业权力集中在董事长，有的企业权力集中在行长，也有的企业在某些场合是董事长代表这家银行、另一些场合又是行长代表这家银行，即在银行最高层，有的银行是一个权力中心，有的银行是双权力中心，也不排除还有的银行存在多权力中心。按照监管制度，银行要实行行长负责制，最高层只有一个权力中心。如果一家银行，出现多个权力中心，银行对外信息披露所展示的形象就会出现混乱，“乱则穷”。“权出于一者强，权出于二者弱。是强弱之常也”（《荀子·议兵篇》）。所以，一个权力中心，或者说真正实现了行长负责制，是良好治理水平的标志之一。如美国新桥公司入股原深圳发展银行时期，董事长和行长两个角色由纽曼先生一人兼任，总行其他副行长或分行行长要代表银行向行外发布信息，事先需要得到纽曼的批准，大多数情况下代表银行对外的都是纽曼一人。又如，格力电器公司是中国制造业的标杆，董明珠是该企业的形象代表。

在国有银行占主导的商业银行改革初期，参照计划经济体制下政府治理模式建立起来的行长或董事长（下同）负责制难免留下计划经济的痕迹，但从单一法人治理角度，行长负责制并没有过时。只是随着市场经济发展和商业银行规模成倍增长为全国性、全球性大企业，以块为主的行长负责制的内涵需要相应调整，如果事必躬亲，大小决策集中于行长一人身上，行长办公台上的批阅卷宗势必堆积如山，这样的决策模式要么效率得不到保证适应不了市场节奏，要么决策效果打折扣高层决策不接地气。2000年前后，随着国有银行逐步上市，为了处理好集权与分权的关系，参照国际先进银行实践，在行长负责制下，条线首席执行官制度逐渐推广开来，如首席风险执行官、首席财务执行官等。在条线管理体制下，行长主要通过综合各条线首席执行官提供的信息进行决策，行内信息通过各条线专业提炼后流向行长这个全行的决策中心，全行层面决策过程大大简化，决策效率和效果也可得到有效保证。对分行各职能事项的管理也主要通过各条线执行官对分行实行垂直管理，分行各职能的信息分类流向各条线首席执行官，各条线首席执行官分别成为各条线的决策中心，可以确保条线决策更加专业、高效。

行长负责制下的条线首席执行官负责制有效运作的前提是，权力中心与信息中心的层级要相互匹配。如行长要成为全行层面的权力中心，他必须被授予对各条线首席执行官的提名和罢免权。同样，各条线首席执行官要成为条线层面的权力中心，他必须被授予对分行各对口职能管理负责人的提名和罢免权。在计划经济体制下走过来的商业银行，行长有职无权的不多见。通常的问题是行长人事权管得太细，如各条线首席执行官以下的各部门负责人及各条线对口的分行分管职能副行长都由行长或行长直管的人事部门负责人提名和罢免。这样，条线层面的权力中心就转移到了行长或人事部门，原来应该流向条线首席执行官的条线层面的信息也会分流到行长或人事部负责人，而行长或人事部负责人决策事项并不需要这些专业信息。当然，这类分流的信息更多是口头沟通的软信息，不是指电脑流程中的硬信息。如果软信息不受硬信息或者说不受事实、数据的制约，软信息的沟通就容易失真，即汇报的人会挑对自己有利的信息汇报，隐去对自己不利的负面信息，如想说一个企业好，就可能故意不说这个企业的风险；想说一个企业不好，就会故意不提该客户可能提供的业务机会。决策者仅凭一面之词进行决策，信息不对称问题将会十分突出。另一方面，各条线层面权力中心由于并无手段激励下属履行条线内的信息尤其是软信息与本中心沟通的责任，其决策仅能依据电脑流程中的硬信息，将导致对非常规事项决策的应变能力缺乏，决策效率低下，不能及时捕捉市场机会或提前发出风险预警。以上所述，实质是一体两面，最终结果要么决策混乱、要么决策低效，日复一日侵蚀本行竞争优势。这是有关事权信息不对称导致的风险。

对于全国性大型商业银行，如果继续坚持传统意义上的行长负责制，各条线层面的决策权都上收到行长层面，条线以下的中层管理岗位人选均由行长或人事部门负责人决定，有关人事权的信息不对称问题将会更加严重。因为行长或人事部门负责人不是条线流程的必经环节，对于各条线的中层管理岗位候选人的专业能力，必然不如各条线首席执行官熟悉那些天天在本条线流程中运作的员工的专业表现和专业能力，前者不具备候选人员的专业能力信息但拥有其任免权力，后者具有候选人员的专业能力信息但没有被授予对其下属的任免权，这样的管理人员选拔机制不利于选贤任能，将导致普遍的用人风险。

如果说战略目标一定条件下，在专业岗位用对专业人才是战略成功的关键，那么在行长负责制下真正建立具备权力、能力、信息三要素的条线首席执行官制度，是全国性大型商业银行必须继续坚持的风险治理改革方向。绝对权力导致绝对腐败，权力必须相互制衡。国内商业银行改革实践表明，在行长负责制下，全国性大型商业银行建立相互制衡的各职能管理条线，将显著提升风险治理水平，增强市场竞争优势，走上可持续发展大道。

（2015年9月29日）

分权容易，集权难

企业总是由小到大成长起来的，小企业大多集中决策，随着规模增长，集中决策难以应对市场变化，权力逐步下放，分权由此而起。分与合始终是一对矛盾，如果分权后，各行其政，企业内部形不成合力，再次集权又会提上议事日程，集权将上升为矛盾主要方面，因为市场竞争毕竟是以强胜弱。分合之变，即是企业竞争阵式之变。30多年来国内商业银行风险管理体系改革，也是以分权与集权的变动为主线的。

以工商银行为例，从1984年“人工分家”到1992年，属于分权阶段。这个时期信贷审批权限层层下放，从总行下放到分行、分行下放到支行，每个支行行长都有信贷审批权限；分行资金计划部都有资金拆借权限（拆入或拆出）。总行对分行、分行对支行或对分行部门的信贷审批权缺乏集中统一管理，导致当时许多分支行出现资金、信贷乱象，部分分支机构不良资产坏账高企，加上当时全国出现严重通货膨胀，1992年，朱镕基副总理（兼人民银行行长）要求国有银行“收权严控”。

1992年至今，是国有银行集权阶段。按照“收权严控”的要求，从支行到分行、分行到总行，权限层层上收，大量审批权限都集中到了总行。权限集中到总行后，新的问题又来了。总行审批工作堆积如山，人手严重不足。在现实困难面前，总行管理者才认识到，“收权严控”不可片面理解为信贷业务由总行集中审批，应该是授权管理职能的上收，实现总行集中管理，同时加强分支行内控体系建设。按照总行集权管理思路，国有银行从此走上了大总行制建设之路。十多年来，国有银行逐步理顺了总行与分行的关系，大总行体制建设已经完成，如今，其总行不但可以对分行进行管控，还可以对二级分行，甚至对支行进行有效管控。

股份制银行的分权与集权进程是另一番景象。相对国有大行，股份制银行成立较晚，在国有银行已经完成分支机构建设，开始收缩或停止网点扩张的时候，股份制银行还在银监部门核定的网点指标限额下，一年又一年慢慢铺网点。因此，在国有银行进入集权阶段时，股份制银行则刚进入分权阶段。由于股份制银行网点扩张、机构分设进程还未完成，其分权阶段至今也没有结束。如总行信贷审批权限下放一级分行，一级分行下放二级分行；已经进行事业部制改革的股份制银行，信贷和资金交易审批权限下放到各条线风险管理部门。根据国有大行的经验，大总行集权管理体制建设周期前后持续10多年，目前股份制银行分权进程还在继续，但其总行集权能力又没有建立起来，因此，当前阶段股份制银行全行层面的风险控制能力相对较弱，容易受到外部风险事件的冲击。如2013年6月银行业流动性危机期间，发生资金交易违约的主要是股份制银行和城商行，国有大行都没有发生违约。原因在于，大行流动性风险实现了总行集中控制，股份制银行流动性风险管理大多分散在分行，没有实现资金头寸由总行统一管理。

2008年国际金融危机期间，那些总行没有实现集中、统一风险控制的银行，正是由于某个部门或某类业务风险暴露过大，导致整家银行倒闭的，如雷曼兄弟公司、美联银行等。2008年国际金融危机的教训之一是，以总行集权为特征的全面风险管理模式受到空前重视。如果国内金融市场出现类似危机，那些缺乏集中风险管理的银行必将首先受到冲击。因此，综观国内外风险案例，当前股份制银行无论在事业部改革中的分权，还是在网点扩张中的分权，都应以总行集权控制为前提。总行集中控制能力越强，分权可以越深入；反之，对于内控不到位的银行或分支机构，则应及时收权，以避免权限失控导致不应有的损失。

（2015年8月6日）

道德制高点

2015年底爆发的万科股权大战，以宝能买入万科成为第一大股东为起点，王石抢占道德制高点，说姚振华“信用不够”开始反击，随后第二大股东华润、潜在战投深圳地铁及众多中小投资者先后出场亮相、选边站队、擂鼓助威，到房地产业老二恒大参与对老大的股权争夺为标志，利益相关方已经结束道德高地第一回合的交锋，复牌后转入资金、法律层面的攻防。对这场A股历史上最大的股权争夺战的胜负下结论，还为时尚早。对于道德高地的交战，不妨从风险管理的角度谈点看法。

“从不行贿”，是王石的一块招牌，诚信和商业道德是王石的强项。“深圳起家的企业家相互知根知底”，因此，王石认为姚振华“信用不够”。对于了解宝能和万科两家地产公司产品质量的万科股民或深圳居民而言，万科产品的信誉无疑胜过宝能。对于王石对姚振华在信誉领域发起的反击，姚没有正面回应。姚的支持者或者王的反对者，对王的私生活进行侧面骚扰。对此，王石似乎早有预料，他把个人私生活与公司治理切割，姚们的骚扰对作为万科董事长的王石没有造成实质性的负面影响。这一回合道德高地的较量，王石占上风。

诚信和道德价值观是企业风险管理的重要因素之一，一个企业主要负责人如果诚信和道德信誉欠佳，潜在的风险就会大幅上升。我曾经所在的某银行负责人，因为不喜欢国内某航空公司负责人的个人道德品行，否决了信贷部门对该公司的授信；我曾经工作过的另一家银行负责人，同样因为不认同某房地产公司负责人的个人生活方式，要求信贷部门收回发放给该公司的贷款。这两家是很大规模的授信客户，在银行多过米铺的今天，不会因为一两笔贷款被银行否决陷入困境。但在经济下行期，因为某银行抽贷、断贷导致资金链断裂的风险案例也是屡见不鲜。

作为风险最密集的行业，银行自身的道德状况又如何呢？公司的道德水平难以衡量，银行也不例外。但是，相对而言，我们可以认为腐败案例相对较多的银行，道德价值观潜在的风险也较高。以四大国有银行为例。据有关机构调查统计，2000—2004年，在国内银行业金额最大的100起贪污、受贿等腐败案例中，排在前三位的是中行（25个）、农行（23个）、建行（21个），这三家银行处在同一个数量级，工行低一个档次仅（13个）。绝对权力产生绝对腐败，腐败的根源在于权力失去制衡。中行、农行、建行等三家银行腐败案例较多，是否可以推测其内控环境存在的问题也会相对较多；工行腐败案例较少，是否其内控环境相对较完善，公司治理相对比较规范呢？如果以上逻辑成立，我们也可以从案件情况推测其他银行的内控环境是否健全，并在全面风险管理框架下，由内控环境预测一家银行的风险管理前景。

（2016年8月7日）

泰卦与信息沟通

国泰民安是衡量一个国家治理效果的标准。“泰”是《易经》64卦中的一个卦，《易经》用地坤（三个阴爻）天乾（三个阳爻）的“泰”卦表示天地气交，万物化生之象。对于国家而言，泰卦可以是国泰民安的意象；对于组织而言，泰卦也可以是上传下达的意象。

上达下传是衡量一个组织行政效率的重要标志。诺贝尔经济学奖得主阿罗将组织学基本原理概括为：1.任何组织都必有科层结构；2.基层员工有较多信息，高层人员有较大决策权；3.组织规模的最佳状态（平衡点）为：从下到上信息失真的成本，等于从上到下政策执行成本。上传下达不仅存在效率问题，还存在效果问题。组织架构和流程的设计需要尽量降低上传时的信息失真成本，也要降低下达时的执行成本。阿罗所指的执行成本应该是包括决策成本在内的。

德鲁克将管理者定义为需要做决策的人，由此推之，信息工作者都是管理者。银行作为信息服务业，大部分员工都属于德鲁克定义的管理者。银行高层与基层可以做多重细分，如总行之于分行是高层、分行之于支行又是高层，等等。总行下传的政策信息是抽象的，具有一般性，分行反映的问题都是具体的。分行贯彻总行抽象的政策，必须从分行决策者的视度，把握分行的特殊性，把总行抽象的政策还原为分行具体问题的解决办法，由一般到具体。一个不了解分行现状和问题、不熟悉总行政策的分行决策者，是不能有效贯彻总行政策的。同理，不了解分行特殊问题蕴含的普遍性，不能由点到面，是不能从分行反映的具体问题中发现总行层面政策亮点并实施政策行动的。

对于信息工作者而言，上达与下传都属于专业决策工作。因此，组织效率问题归根到底是专业决策效率问题。

（2014年9月18日）

20/80 定律：信息与噪音

风险是隐藏的信息。信息常常隐藏在噪音之中，信息与噪音的比例也符合20/80定律。

一篇信贷调查报告，对于审查人员而言，80%都是废话，20%才是有价值的信息，但如果你不能耐心分析报告，其中的关键风险点就会被你疏忽。

一天的管理工作，从你打开办公室的门那一刻起，就像潮水一样涌进来了。其实，对于管理者而言，每天80%的工作时间都是在日复一日地瞎忙，但是如果你不能做到全神贯注，养成王阳明说的“此心不动”的工夫，这一天20%的新信息就会与你擦肩而过。

听领导讲话，80%的时间都可以打瞌睡、看手机，但是如果你仅仅是听而不能随着领导的思路思考，那20%能够启发你灵感的机缘就与你无缘。

有时，信息与噪音的区分是相对的，可以相互转化。对于真实信息，如果领导不喜欢听或不信任你，就成了噪音，忠言逆耳、人微言轻是也。当然领导喜欢或信任的人也不会超过20%。没有了噪音也就没有信息了，噪音也可以转化为信息。正如苏东坡感叹天上的琼楼玉宇所说的“起舞弄清影，何似在人间”；又如，清静之地待久了，街上的噪音也成了音乐。如果领导有度量，如其开会鸦雀无声，倒不如吵一吵效果好。几人肚里能行船，胸襟开阔之人也不会超过20%吧？

天地气交，万物化生，那是基业常青的征兆，只是，能保百年基业的企业不到20%！

（2015年5月3日）

第二章

风险偏好与战略定位

乐观、悲观与不确定性

世事难料，对未来的预测，有的人悲观，有的人乐观。对未来不确定性的认识及驾驭不确定性的能力，决定了一个人对未来的态度。对中国经济预测最乐观的经济学家可能是林毅夫教授，在1994年出版的《中国的奇迹》一书中，他做了两项预测：一是预测到2015年，按购买力平价计算，中国经济规模会超过美国；二是预测到2030年，按照当时市场汇率计算，中国经济规模赶上美国。20多年过去了，他的第一项预测已经成为现实，第二项预测可能会提前实现。乐观的企业家也不乏其人。记者问万科总裁郁亮对未来中国经济形势的判断，郁亮回答说：无论有什么困难都是可以克服的，对中国经济盲目乐观。格力电器董事长董明珠女士说自己做决策从不犯错。不管你是否相信，事实上，你确实找不到一个董明珠错误决策的案例。20多年来，华为公司总裁任正非反复讲危机，最著名的是《华为的冬天》，这篇他在2000年美国网络股泡沫破灭后写的文章，先后被翻译成几十种文字。有一种观点认为，华为的成功是悲观主义的胜利；也有长期与华为合作的咨询专家认为，任正非是不可救药的乐观主义者。任正非确实说过，即使有黑天鹅，也是在华为的咖啡杯中飞。对中国经济悲观的也大有人在，如美国学者章家敦，2001年他出版了《中国即将崩溃》一书，此后连续16年他都撰文论述中国即将崩溃。当然，由于中国经济发展的可持续性，章家敦的预测永远不会成为现实。本文讨论不确定性。不确定性既有主观性、也有客观性，它与人们对未来的悲观、乐观看法是一个问题的两个方面：往前看，存在悲观、乐观两种判断；从结果往后看，与当初的目标比较存在不确定性。所以本文把两方面结合起来讨论。考虑到关于悲观、乐观的界定也因人而异，下面需要先了解一下悲观、乐观在心理学上的含义，然后再转入正题。

意念：悲观与乐观

美国著名的医生戴维·霍金斯博士在百万次观测案例的基础上，根据意念振动的频率，将人体的能量层级量化，频率越高能级越高。假若最高能级是1000，则能级200以下的为负能量级，如羞愧、内疚、冷淡、悲伤（悲观）、恐惧、欲望、愤怒、骄傲都属于负能量；200以上才是正能量级，如勇气、淡定、主动、宽容、明智、爱、喜悦（乐观）、平和、开悟都属于正能量。悲观意念的能级不到100，乐观意念的能量级是500+。由于不同能量级的能量增长是非线性的，一个能级为500的人的能量相当于成千上万个能级低于200的人的能量总和，这样的人胸中自有百万雄兵，“虽千万人吾往矣”。这是意念的力量。美国宾夕法尼亚大学心理学家马丁•塞里格曼提出了“在人的成功中乐观情绪的重要性”的理论，该理论认为，当乐观主义者失败时，他们会将失败归于某些他们可以改变的事情，而不是某些固定的、他们无法克服的困难。因此，他们会努力去改变现状，以争取成功。从上述心理学角度看，任正非属于无可救药的乐观主义者的评价是恰当的。在乔治·阿克洛夫与罗伯特·席勒合著的《动物精神:人类心理如何驱动经济、影响全球资本市场》一书，作者认为：当公众情绪从极度喜悦到焦虑甚至害怕，其在股票价格以及经济活动上的影响可能极其恐怖。该书作者指出，在这样一个充满了动物精神的不靠谱的世界里，管理者的角色就是应该设定条件，制定游戏规则，使动物精神更好地创造性地发挥作用。

不确定性

在不确定的环境下开创美好的未来，首先要认识不确定性。美国哲学家杜威在其1930年出版的《确定性的寻求——关于知行关系的研究》一书中指出，人类两千多年的宗教史，就是一部关于确定性寻求的历史，结果是，人类没有找到确定性，人类生活在一个不确定性的世界里。其实，两千多年前，我国古代哲学家老子在《道德经》中早已阐述了不确定性的概念，“道可道，非常道”，不确定性无处不在。

一般而言，我们通常不区分风险与不确定性。首先区分风险与不确定性的经济学家是奈特。他认为，风险是可以计量的，不可以计量的风险则称为不确定性。他研究认为，企业的存在正是因为有不确定性，即企业来自不确定性。那么，不确定性来源于何处？作为经济学家的奈特未做进一步的研究。

首先探讨不确定性来源的金融人士是索罗斯。索罗斯认为，在自然现象中，人的思想仅有认知功能，且认知可能存在偏差。在社会现象中，人的思想既有认知功能，也有操纵功能。操纵功能是指，参与者根据自己的认知采取行动，去改变境况，寻求对自己有利的结果。当这两种功能互相影响时就产生了不确定性。索罗斯的语言比较晦涩，借用毛泽东《实践论》中的通俗语言，索罗斯的认知功能、操纵功能，就是毛泽东说的认识世界、改造世界。由于未来的不确定性，在改造世界的征程中，毛泽东倡导“为有牺牲多壮志，敢教日月换新天”的乐观英雄主义。

林毅夫的新结构经济学区分结构与周期问题。该理论认为，一个国家的要素禀赋结构决定其经济结构和发展战略，中国的经济发展模式之所以可持续，是因为中国的经济发展战略与自身各个阶段的要素禀赋结构是相适应的。改革开放后，中国的经济发展遇到的主要问题是周期波动问题，不是结构问题。结构与周期，借用风险管理语言表述，周期波动属于风险，颠覆性的结构改革属于不确定性。或者借用计量经济学的语言表述，风险是在损失模型一定前提下的损失分布，不确定性是损失模型不确定。

再看20世纪以来美国经济的风险和不确定性。2000年美国网络股破灭，股民直接受损，但美国的银行等金融基础设施没有受到直接冲击，所以这一轮股灾属于创新周期风险。2008年肇端于美国次贷危机的国际金融危机，美国及欧洲相关国家多家大型银行破产倒闭，反映出来的就不仅仅是周期性波动，更是美国高福利、高消费等经济结构问题。对于风险管理来说，2008年国际金融危机属于不确定性事件。

美国数据科学家迈克尔·托斯分析了巴菲特从1977—2016年长达近40年的《致股东》公开信。托斯分别计算了巴菲特信中积极的情绪表达词（免费、顶尖、有竞争力、不同寻常、商誉、杰出、价值和收获）和消极的情绪表达词（损失、负债、风险、债务、伤害、差、失败和异常）的比例。分析结果显示，在巴菲特长达近40年的公开信中，仅有两次所出现的消极词明显多于积极词的情况。一次是在2001年的信中（当时在“9·11事件”中恐怖分子袭击了美国），另一次是在2008年的信中（当时正值国际金融危机）。这两次事件都属于不确定性事件，巴菲特害怕的不是风险，而是不确定性。

对于一个企业来说，不确定性主要有三个方面来源：一是公司理念。老子曰：利而不害。对于企业而言，这个理念的含义是，只有有益于社会，企业才有存在的价值。如果一个公司的经营理念是损人利己、对社会和国家是有害的，这样的公司的经营管理就会存在重大的不确定性。如美国安然公司破产案、中国蓝田公司破产案等。

二是公司战略。如果公司战略与自身的比较优势不相适应，或者对原来有效的战略贸然做出重大调整，都存在不确定性。如2008年破产的雷曼兄弟公司，成立150年来一直是一家投资银行公司，在公司过去成功的经营历史中一直坚守不以公司资本进行投资的原则。在美国次贷危机前，该公司偏离了过去成功的经营战略，从事高杠杆投资，购买了大量次级债，后来，在次贷危机中由于陷入融资困境而倒闭。

三是战略执行。钱德勒在《战略与结构》中论证了企业的组织架构要与战略目标相适应，实际上也是谈战略执行层面的问题。一家企业如果组织架构不合理，如总部出现多个决策中心、董事长与总经理互不买账，或者对分公司出现多头指挥，这样必然会形不成合力，无效耗费战略资源；或者操作流程长、又无相应IT技术支持加之员工合规意识差或者关键岗位缺乏足够数量的专业人员，必然出现操作案件尤其是腐败、欺诈案件频发现象。这些执行层面的问题，既是操作流程问题也是结构性问题，最终导致企业战略目标的实现存在重大不确定性。

企业案例：华为、格力与万科

以《华为的冬天》这篇文章为例，了解任正非如何看风险与不确定性。在经营理念层面，华为坚持纯粹的商业理想，在商不言政。针对外界对华为的议论，该文告诫员工，公司的主要责任是对政府负责，对企业的有效运行负责。对政府的责任就是遵纪守法，按章纳税。他进一步说“国家的事由国家管，政府的事由政府管，社会的事由社会管，我们只要做一个遵纪守法的公民，就完成了我们对社会的责任。只有这样我们公司才能安全、稳定”。在战略层面，截至2000年，华为公司在国内已经走过“农村包围城市”阶段，亚洲金融危机后，华为以低价策略取得越南、老挝、柬埔寨、泰国GSM，随后以同样手段扩展到中东和非洲，并将触角探向世界的核心市场欧美。2000年华为销售收入比上年增长83%，首次突破200亿元。这些成绩的取得，说明华为公司的战略方向是正确的。该文并没有关于战略方向的内容，但提示了周期性风险，他认为“网络股的暴跌，必将对两三年后的建设预期产生影响，那时制造业就惯性进入了收缩”。华为公司随后两年的销售情况完全印证了他的预测，如2001年华为销售收入比上年仅增长2%，2002年销售收入下降22%。战略执行层面是任正非持续关注的重点。在该文中，他谈得最多的是战略执行。如：均衡发展就是抓短板；强调以流程和时效为导向的体系，要对事负责，不是对人负责；推行以自我批判为中心的组织改造和优化活动，小改进、大奖励；缩小庞大的机关等。正是因为任正非相信公司理念和战略方向是正确的，同时对公司面临的风险和不确定性及其应对措施看得很清楚，他才有勇气公开发表《华为的冬天》。如对于周期性风险，华为当时以裁员和减薪应对；对战略执行的不确定性通过完善架构和流程予以控制。

再看格力电器面临的风险和不确定性。在理念层面，格力电器坚持专业化经营，从未涉足房地产业务，遵纪守法，按章纳税，在国内众多电器企业中是独树一帜的。在战略执行层面，从格力空调十年保修的过硬产品质量和超低的银行负债率，可见该企业生产和经营管理都是很优秀的，或者说战略执行的不确定性低。在经营战略上，格力电器过去最大的优势是人工成本低，2008年至今人工成本大幅上涨后，人工成本优势不再，优势变劣势。格力电器近年来通过自主开发自动化生产设备，以机器人代替人工，在员工总数下降的情况下，利税规模和人均效益都是提升的，加上已经成熟的产品创新体系，这些显著变化表明，作为传统制造业的格力电器已经完成了产业升级。这是董明珠一再宣称自己不会犯错的底气所在。

最后分析一下万科公司的风险和不确定性：在公司理念层面，万科遵纪守法、从不行贿。在公司内部，万科提倡简单务实。万科独立董事华生讲过这样一个关于万科的故事。关于万科股权之争，他认为王石败在情商上：既不懂国企的规矩、又无私企的殷勤。关于后者，他举了一个例子，万科开董事会，从来不安排管理人员去接机、接站，仅安排一个司机去接各位董事。其实，许多国内优秀公司迎来送往都是这样简单的，这种做法最直接的好处就是节省成本。在战略执行方面，万科的交房误差已经进入毫米时代，万科的资产负债率在大型房地产企业中是最低的。万科的不确定性在战略转型方面。万科原来是一家以住宅为主的房地产开发商，区域定位于城乡结合部。随着城市化进程进入中心城市化发展阶段，万科战略转向跟随城市发展和升级的方向走，定位于城市配套运营服务商，如产业地产、物流地产、养老地产等，单纯的住宅开发占比将降到50%左右。万科现在市值1000亿元左右，2015年5月，万科竟公布了“未来十年万亿大市值”的战略目标，难怪郁亮说对未来“盲目乐观”。

当前银行业发展面临的不确定性

对于与房地产行业同属服务业的银行业来说，对于万科的万亿大市值战略目标是需要严肃对待的。相比银行这几年来脱实向虚、资金体系内空转，万科向产业房地产商、互联网房地产商的转型已经接近完成。除工商银行外，国内大多数商业银行还处在网络银行阶段，有的银行甚至网络银行阶段也没有走完，更别说进入互联网金融与产业互联网金融发展阶段。在当前经济下行阶段，银行大案、要案频发，更暴露出银行在战略执行层面的诸多问题。2017年2月，中央财经领导小组会议强调“防控金融风险，坚决治理市场乱象”，对于降低系统性金融风险或者说金融行业的不确定性，是十分急迫和重要的政策导向。

经济结构决定金融结构。产业升级、消费升级、城市升级是经济新常态下经济发展的主攻方向，投资而不是消费仍将是我国经济发展的主要驱动力。根据林毅夫教授的分类，目前中国企业可以分为五类，都面临大量投资机会。一是技术追赶型企业。我国人均GDP仅相当于欧美发达国家的四分之一左右，它们的人均GDP比我国高，意味着它们的技术和产业附加值比我们高，因此，相对于欧美国家，我国经济整体还处于追赶阶段。去国外并购先进技术企业，或吸引国外先进技术企业来中国投资及其配套基础设施的投资机会还很多。二是技术领先型企业。如华为、格力都属于这类企业，技术和产品主要依靠自己开发。这类企业的投资机会来自在国内或国外设立研发中心，或者对其技术升级产品扩大生产规模。三是转进型企业。这类企业大多属于劳动密集型企业，最终需要向我国中西部地区或向国外发展中国家转移出去，"一带一路"基础设施建设存在大量投资机会。四是弯道超车行业。比如腾讯、阿里巴巴等企业，研发周期短，依靠大众创业、万众创新可以实现弯道超车，这类创新需要一定的金融支持。第五类是战略性行业。这类企业投资周期，研发周期特别长，投资主要以政府投资为主，同时这些大项目的产业配套也需要很多投资。

近年来金融行业已经暴露及当前潜在的某些风险，如熔断风险、信用债风险、理财非标风险、委外风险、资产负债缩表风险等，都属于结构性风险，并非内外经济周期波动所导致的风险。这些风险之所以产生，一是因为金融业产品创新偏离了实体经济的需求；二是违规套利等执行层面出现重大偏差。如果金融行业能够实现脱虚向实，努力升级服务水平以支持产业升级，金融行业就能实现稳健发展。金融行业的不确定性或者说系统性风险、结构性风险就会大幅降低。

从严格意义上，风险不同于不确定性、又来自于不确定性；对未来的预期（悲观还是乐观）影响风险偏好，风险偏好又驱动战略定位。所以本节关于预期（悲观还是乐观）与不确定性的讨论，可作为下面风险偏好与战略定位进一步研究的准备。

（2017年5月11日）

风险偏好与战略定位

风险偏好是什么，正如风险是什么一样，都难以定义。正因为难以定义，通常的做法是回避是什么，直接用如何度量代替如何定义。如，用波动来定义风险，其实波动只是风险的度量，波动本身并不是风险，风险的真实含义是隐藏的信息；同样，用风险调整后的收益、评级等单指标或多指标或多层次指标来表述风险偏好，也是用度量代替概念，这些指标本身并不是风险偏好。概念不清，输得干干净净。对于风险管理领域这些基本概念，不仅要掌握如何度量，更要掌握其内涵。风险偏好既是主观的，也受到资本的约束，又是客观的。风险是不断变化的，但在一定时期内，一个人、一家机构的风险偏好是相对稳定的。风险偏好驱动行为，驱动战略，风险偏好改变了，个人、机构的行为、战略也会相应变化，这是从风险偏好主观角度看；反之，如果风险偏好不受资本等客观条件制约，随意变动从而导致行为、战略频繁变动，最终个人、机构实际承担的风险损失就有可能超过其资本的风险承受限度，这就意味着战略受挫或战略失败。

先看看个人风险偏好与行为的关系。香港股神曹仁超向股民建议，在人生的不同阶段要适时调整风险偏好，他得出的经验公式是，100减去年龄就是你可以投资股市的个人资金占比。即20岁的时候，可以把80%的资金投到股市；80岁的时候，投到股市的资金则不要超过20%。年轻人敢于冒险，风险偏好大于老年人，这也是常识。哪一次牛市不是新战士前赴后继推上去的？千金散尽还复来，这是年轻人的资本。如果经济萧条，大批人员失业，即使是年轻人，冒险的劲头也会消退，因为工资没了，未来的现金流预期改变，资本预算缩减，风险偏好转向悲观，投资股市资金占比就会大幅下降（随之股市下跌）。中国股市的特点是散户为主，虽然经济发展一直相对稳定，失业率低，股民工资现金流稳定，风险偏好本应相对稳定，但实际情况是散户换手率高，反复交易支付的手续费就高，换股和选股风险高，投资收益低，许多股民个人财富没有随股市的成长而增长。主要原因是，这些散户受市场情绪波动影响大，风险偏好的主观性相对于客观性占了上风，追涨杀跌，缺乏明确的战略定位，导致长期投资收益低。

对于机构而言，风险偏好与战略的关系也是如此。从小到大、从弱到强，一个机构的风险偏好是逐步下降的。以银行为例。1997年亚洲金融危机以前，四大国有银行对于授信客户，大中小客户来者不拒，没有明确的客户定位，而且分支行都有贷款审批权。危机过后，一地鸡毛。由于出口大幅下降，许多外向型中小授信客户，尤其是支行审批发放的中小授信客户违约率和损失率都很高。四大国有银行上市前，国外有媒体评价四大行已经技术上破产。在当时情况下，政府指示四大行“收权严控”，授信审批权由支行到分行、由分行到总行层层上收。权力上收，就不可能做那么多中小客户。因此，四大行纷纷提出“双大战略”（大客户、大项目）。这是改革开放以来，四大行风险偏好和战略定位的一次重大调整，一直延续至今。目前四大行信贷结构中的项目贷款占比在70%以上，项目贷款一般都不是中小客户。民生银行成立初期，也是定位于中小客户。几年后不良贷款率高达30%以上，后来逐步转向大客户战略，到2008年，民生银行大客户授信占比90%。相对于其他股份制银行，民生银行较早进行了风险偏好和战略调整，是该行后来居上的主要原因。2008年金融危机后，为了提高股东收益，民生银行调高了风险偏好，战略重点转向小微客户，信贷增量60%投向小微客户，到2014年底，小微授信余额达到6000亿元。今年以来，由于小微授信不良率大幅上升，民生银行小微战略严重受挫。招商银行成立以来，一直比较稳健，依靠零售业务优势发展壮大，也保持了相对较低的风险偏好。2009年，由于民生银行在小微信贷市场的超常增长和追赶，同时受到每股收益相对偏低的压力，招商银行提出二次转型，转型重点是提高收益率指标。战略举措是，提高风险偏好，加快发展小微信贷业务。像民生银行一样，由于违背了银行发展从小到大，风险偏好逐步降低的一般规律，招商银行的二次转型注定会遇到挫折。今年以来，招商银行撤销苏州小企业信贷中心，大力抢占大客户信贷市场份额，表明招商银行重新回到了本行一贯坚守的稳健风险偏好轨道上来。除银行外，其他机构发展壮大后，风险偏好也是逐步降低的。如保险公司限于投资蓝筹股票、李嘉诚长实集团公司负债率不超过30%，都是遵循了风险偏好规律制约。

综上所述，银行等风险密集机构从小到大、从弱到强的发展历程，也是其风险偏好逐步降低，由此驱动战略定位，实现战略目标的过程。这是成功企业的一般规律。失败的、折腾的、长不大的机构，虽然各有各的不幸，看似败在战略执行的路上，实质是败在风险偏好决策起点上：如坚持“高风险、高收益”的错误的风险偏好观念；如受股东要求提高短期收益的压力；如受监管部门对风险偏好的干预等。正如《孙子兵法》所言“夫未战而庙算胜者，得胜多也；未战而庙算不胜者，得胜少也。多算胜少算，而况于无算乎！吾以此观之，胜负见矣”。

（2015年12月6日）

银行有战略吗

银行有战略吗？十多年前，与麦肯锡咨询公司的一位战略咨询专家沟通，她的观点是，银行无战略。当时感到很惊讶，既然银行无战略，咨询公司为何还为中国商业银行提供战略咨询呢？现在回想起来，麦肯锡专家的观点可能反映的是美国等发达国家银行业的状况。以市场为导向的发达国家，通常不制定中长期国家发展规划，宏观政策主要是指财政、金融政策。金融体系又以直接金融为主，金融活动主要是指交易行为，金融学主要内容也是讲授金融交易，虽然有例外，大部分银行都转型为交易型银行。如2008年破产的具有150年历史的雷曼兄弟公司，在危机前由投资银行转型为高杠杆次级债的交易银行；在2008年国际金融危机濒临破产的花旗银行，在危机前由美国主要的信贷银行转型为CDO、CDS的主要买家。2008年国际金融危机前，欧美主要银行战略趋同，战略问题似乎不是发达国家银行的主要挑战，美国咨询公司专家认为银行无战略也是可以理解的。

中国的情况呢？中国银行业自商业化改革以来，各行对战略的探索从未停止过。从早期的工行、农行、中行、建行等国有专业银行战略，到后来的工行下乡、农行进城、中行上岸、建行破墙；从大客户战略，到消费金融、供应链金融、小微企业战略，近年来银行战略清单中又多了一项交易银行战略。国内银行数量成百上千家，但战略选项似乎不多，所以，战略趋同是国内银行业的普遍特征。特例也是有的。如在全国性股份制银行中，民生银行的大客户战略曾经取得过成功。1996年成立的民生银行，在股份制银行中属于后起之秀，该行从开业初期的小企业战略试探遇挫，转向大客户战略后实现超越，并跃居股份制银行第一梯队，截至2008年其大客户授信占比超过90%。虽然2008年开始第二次转向小企业战略，近年来由于经济下滑，不良贷款尤其是小企业不良贷款大幅攀升，民生银行小企业战略再次受挫，重回大客户战略。

差异化战略取得成功的另一家银行是兴业银行，该行抓着了始于2000年前后的房地产业黄金十年，实施房地产信贷战略，实现了快速发展，也在股份制银行第一梯队争得一席之地。该行房地产相关贷款曾达70%，差不多成了房地产专业银行。兴业银行在2008年前后战略重点逐渐由房地产领域转向同业银行领域。虽然在后一领域也取得了成功，倘若兴业银行继续坚守房地产战略，其战略风险至今仍然可控，因为银行业房地产不良贷款水平远远低于银行业不良贷款平均水平。

虽说中国银行业战略趋同现象普遍，民生、兴业银行案例表明，差异化战略定位成功的银行可以取得超出行业平均水平的领先业绩。因此，发展战略问题对中国商业银行而言，是一个至关重要的问题。与发达国家相比，为何存在如此大的差异呢？

经济决定金融。经济发展阶段的差异、宏观调控方式的差异，直接影响银行发展战略的差异。区别于发达国家财政、金融两部门调控方式，中国宏观调控第三部门即发展改革委，牵头制定的国家发展五年规划，是国家中长期发展战略的蓝图；中国大学最好的经济院系也是以研究经济发展战略知名的。银行发展战略，既要遵循银行业最佳实践，符合自身比较优势，又要符合国家发展战略。正如孙子所谓的"道、天、地、将、法"，凡此五者，知之者胜，不知者不胜。民生银行的大客户战略之所以能够取得成功，因为我国还处在工业化发展阶段，根据《中国制造2025》，中国制造业与发达国家先进水平至少还有30年的追赶路程，我国经济仍处在投资驱动阶段，大中型企业还有很大的发展空间。另一方面，民生等国内银行的小企业发展战略为何至今没有成功的案例呢？因为我国银行体系主要是为大客户服务的，小企业风险高是国际银行业面临的共同挑战，且由于我国实行分业经营的金融体系，银行不能通过持有小企业的股权等方式缓释风险，虽然国家一再鼓励银行向小企业发放贷款，经过10多年的探索，至今没有找到成熟的小企业信贷模式，如民生银行撤掉了小企业事业部、招商银行撤掉了小企业信贷中心，国有大行虽说小企业宣传报道多，但真正以小企业作为战略定位的一家也没有，已经成立的小企业部门有的也撤掉了。再看兴业银行过去房地产信贷战略之所以取得成功，是因为我国工业化驱动的城市化还没有完成，房地产业尤其是省会等经济中心城市的房地产业今后二三十年仍有很大发展空间，只可惜兴业银行房地产战略放弃得太早了。

不确定性无处不在。战略选择的前提条件，就是要在未来不确定性中寻找确定性。展望未来五到十年，对于银行战略而言，哪些是确定性因素呢？投资驱动，中高速经济增长潜力大；产业升级和消费升级，中高端产品市场潜力大；政府预算硬约束，无风险利率下行；城市化比例继续上升，不动产价格尤其是省会等经济中心城市不动产价格还有上升空间；随着经济增长和城市化水平提升，消费水平将稳步增长。

以上战略假设对银行中长期战略可引申的政策含义有：投资驱动，意味着银行战略重点仍然是信贷银行，而不是交易银行；不动产价格稳定或上升，意味着省会等经济中心城市房地产贷款，城市基础设施项目，以物抵债，房地产项目重组等，既可以成为银行当前走出资产质量困境的突围方向，又是未来的增长点；中高端产品成为市场主流，意味大中型企业业务，兼并重组，海外并购均可成为银行主要业务。消费稳步增长，意味着信用卡贷款和个人消费贷款不应追求超常增长，但可以作为稳定的收入来源。至于小企业信贷业务，在我国经济增长由投资驱动过渡到创新驱动、银行由分业经营模式过渡到混业经营模式完成后，适合创新型小企业发展的金融结构也许将逐步发展成熟吧！

（2015年6月23日）

迎接银行4.0时代到来

——《货币商人》读后感

读完《货币商人》——这本工商银行原副行长张衢先生的专著，感触良多。该书涉及内容广泛，几乎涵盖了作为一家银行行长所需要掌握的银行经营管理的各个领域。张行银行从业经历丰富，从支行信贷员一直做到总行副行长职位，分管过风险、信贷、财务、科技等多个条线。书中很多内容是作者长期从事银行工作经验的总结，读者若没有相应的工作经历和体会，还不一定能完全理解作者的意旨。

2002年，我到工行总行工作时，张行已经升任总行副行长了，分管条线包括财务和科技。那时，在部领导的指导下，我负责内部评级法工程办公室的工作，主要是做工商银行未来八年的风险管理规划和新资本协议实施项目，这是一个庞大的系统工程，项目预算金额数以亿计。部门领导当时对申请项目费用感到压力很大，不知道项目预算能否批下来。记得当时项目组的同事开玩笑说，张行到总行分管科技后，对计财部门说“今后科技费用申请不要以万元为单位，要以亿元为单位”。一直未曾核实这个玩笑是否当真，看到张行在书中提到工行每年科技支出上百亿元，觉得这个玩笑真实的成分较多。作为老工行人，张行分管科技工作期间很好地继承了工行重视科技投入的传统。

工商银行自1984年成立以来，正是在科技等基础设施方面的持续投入和升级，在银行业由1.0升级到现在的3.0，并且未来奔向4.0时代的大潮中，该行科技水平始终处于国内银行业的领先地位，如今跃升到国际先进银行行列。在以网点为特征的银行1.0时代，在四大国有银行中，工行网点总数不及农行，排名第二。进入以网络银行为特征的银行2.0时代，工行电子银行交易额是其他三家国有银行的总和。二十年前关于以“鼠标”为标识的网络银行是否将颠覆以“水泥”为标识的传统银行的争论，最终银行以“鼠标”+“水泥”打败了单纯依靠“鼠标”的网络银行而暂告结束。目前单纯的网络银行还没有成功的先例。这说明，一方面银行业的本质特征还是金融服务，不是IT技术；另一方面，IT等技术基础设施是银行发展壮大的重大制约因素。在以互联网金融为特征的银行3.0时代，工行在国内银行业中再次率先发布了“E-ICBC”互联网金融战略。该战略的核心是建立电子商务、开放式互联网银行、即时客服三大平台。工行科技开发一直遵循“三三制”滚动开发的惯例，即一套在运行的生产系统，一套在开发的系统，还有一套在研究的系统。在发布“E-ICBC”互联网金融战略的同时，工行已经在为以产业互联网为特征的银行4.0时代着手准备了。据报道，工商银行携手中国建筑正在打造建筑行业的垂直电商平台，将打通建筑行业上下游的生产、贸易循环。

除了互联网金融和产业互联网金融外，自去年以来，一个新型词汇Fintech(金融科技)又进入大众的视野。Fintech(金融科技)的主要内容是ABCD：人工智能（AI）、大数据（Big Data）、云计算（Cloud Computing）、区块链（Block Chain）。虽然央行官员已经明确指出，要划清互联网金融与Fintech的界限，Fintech不直接从事金融业务，要与持牌机构合作才能从事金融业务，但Fintech与互联网金融相互渗透是必然的趋势，可以预见Fintech在未来银行4.0时代将得到广泛应用。

正如德国工业下一个目标是工业4.0，而我国大多数工业企业还处在工业2.0向工业3.0升级阶段一样。在我国,虽然工行已经立足银行3.0，同时在跟随银行4.0，但大多数银行还处在从银行2.0向银行3.0升级阶段，有的银行由于多方面原因，甚至还没有走完银行2.0时代的全流程信息化改造阶段。如果能够借鉴工行的科技基础设施升级改造经验，把握银行发展大势，技术支撑体系升级就可以少走许多弯路。以本人曾经参与的工行内部评级体系为例。工行在90年代中期引入内部评级技术，初期评级准确性并不高。如2001年发生的蓝田股份公司内部评级严重失真问题,虽是个案,也有一定代表性。当时，工行内部评为AAA级的公司客户须上报总行评级部门认定，2001年蓝田股份被工总行认定为AAA级客户，2002年该公司就被媒体曝光其财务报表严重造假骗取银行贷款的重大负面新闻。工总行评级部门面对这一尴尬事件感到压力很大，但工总行高管层认定方向，排除干扰，继续支持在全行上下推广评级应用。经过二十年的评级数据积累和模型升级，原来需要上报总行认定的内部评级，现在在支行客户经理就可以完成大多数客户等级评定工作。内部评级已成为工行客户营销和风险定价的重要工具。前面提到的本人参与的工行风险管理规划和新资本协议项目，工行项目建设也没有受2008年国际金融危机的影响，历经八年设计、分阶段开发，于2013年按计划如期全部投产。这家2002年上市前还拿不出一份完整的全行风险组合报告的全球最大的信贷银行，如今通过实施新资本协议工程项目，其风险管理技术和系统已经达到国际领先水平。除了风险管理系统，工行还花五年时间建成了全行管理信息系统，可以及时生成全行各类管理报表和监管报表。

对比工商银行，目前国内股份制银行均已经投产了IT核心系统，但各行的业务和管理系统建设和应用还有很长的路要走。有的股份制银行前些年开发的公司业务1+N供应链模式等，在控制物流、资金流的同时，通过真正实现与核心企业信息平台对接从而掌控上下游企业的信息流，有效控制授信风险，已成为低风险、高收益的成功业务案例。但股份制银行到目前为止大多是从产品角度发展这类业务平台，还没有上升到银行3.0战略主渠道上来。股份制银行内部评级系统也陆续投产了，评级准确性逐年提升，但有的行内部对评级的重要性还缺乏共识，评级在信贷流程各环节中的应用覆盖面还不够全面；股份制银行信贷管理系统均已投产使用多年了，这些系统可以支持全流程无纸化信贷审批和贷后管理，但有的信贷人员操作习惯还停留在银行1.0时代，有的信贷操作还是先走完纸质流程再录入系统，这种操作方式显然没有真正达到银行2.0全流程电子化的标准，更不适合银行3.0时代所要求的银行信贷系统与核心企业信息平台普遍实现实时对接的市场竞争格局。绝大多数股份制银行新资本协议工程项目建设均已接近完成，但有的银行该系列项目所要求的数据集市的数据完整性、准确性和及时性还难以支持新资本协议模型项目及相关应用的需要。股份制银行一般都有专门部门负责管理信息系统，但有的银行大量的内部管理报表和外部监管报表仍然需要手工统计上报，占用了大量人力资源，尤其是数据的及时性和准确性得不到保证。以上现象表明，有的股份制银行还没有完成银行2.0时代所要求的信息化改造升级工作。股份制银行等众多中小银行需要从战略高度大力抓好科技基础设施升级和应用工作，跟上互联网金融和Fintech技术升级步伐，迎接以智能化为特征的银行4.0时代的到来。

（2017年2月5日）

结构与周期

当前中国经济增速下滑，未来中国经济发展是否可持续？经济增速下滑的原因，主要是周期性问题，还是结构性问题？对此，国内外都存在很大争议。林毅夫认为，中国经济下滑主要原因是外部性、周期性问题，不是内部体制、机制问题，即不是结构性问题。林毅夫提出的对策是，用宏观政策平滑经济周期，在发展中解决结构性问题。许小年认为，主要是结构性问题，提出的对策是改革体制、机制，才能走出周期性下滑，否则，经济还会第三次见底。许小年与张维迎的观点类似，所持论据是西方市场经济理论。林毅夫的理论是他长期坚持的比较优势理论，认为一个国家的外生的要素禀赋结构决定其发展战略，体制、机制内生于发展战略。三十年来，中国经济发展成就印证林毅夫的理论迄今为止还是正确的，未来发展是否还符合理论预期，暂未可知。相反，林毅夫认为美国、欧洲经济问题，不是周期性，而是结构性问题。去年前三季度美国经济复苏，很多分析人士认为美国已经走出了经济衰退，林毅夫坚持认为如果美国不进行结构性改革，不可能走出衰退，复苏只是暂时的。去年第四季度，美国经济增长大幅低于预期，又一次被林毅夫言中。

“升降出入，无器不有”。在经济生活中，结构与周期之间的关系问题，普遍存在。不仅适用于国家治理，公司治理也要面对结构与周期问题。如公司治理结构与公司成长周期。美国学者钱德勒在《战略与结构》一书中提出，企业战略驱动公司治理结构，如果企业在正确战略引导下取得成功，那么公司治理结构也是合适、自洽的。所谓“成败论英雄”是也。在中国银行业，前二十年民生银行、兴业银行取得的成功，大多认为是其战略选择对了，若说其内部公司治理结构，难免存在这样那样的问题，用行业规范来衡量，可能还不如其他发展势头落后于它们的银行。对公司治理结构缺乏自信，往往是企业处于低谷时期。此时，企业发展面临的困境到底是外部周期性问题，还是内部结构性问题，这是事关企业生死存亡的问题，也是有关战略自信和制度自信的问题。成功的战略需要经历从繁荣到衰退一个完整的经济周期，从这个角度看，判断民生银行、兴业银行战略是否成功，还为时尚早。

观察周期性波动最好的案例是上市公司。如果相信公司发展战略是正确的，股价的波动就是外部股票市场引起的周期性波动，否则，如果上市公司发展战略出现重大失误，股价波动就是股权结构的调整和股价趋势性变动。由此推之，如果上市公司发展战略得到市场认可，那么其股权结构就会相对稳定，因为一个公司长期股东的风险偏好是相对稳定的。

对于一个人的职业发展而言，也存在结构与周期问题。平安集团董事长马明哲面试中高层人员，常常会问应聘者工作中遇到的最大的挫折是什么。没有机会当面请教马明哲的人才观，但在低谷中崛起无疑是成功企业家都重视的个人品质，也是一个职业经理人是否成熟的标准之一。职业生涯一帆风顺，令人神往。然而，树欲静而风不止，职业生涯难免会有沉浮起伏。外部因素可以影响职业周期的升降，但决定职业发展方向的，不是外部周期性因素，而是一个人自己的知识结构和专业结构，这是一个人的职业禀赋结构。

周期又称波动，波动也叫风险，要素禀赋结构决定战略，战略驱动管理结构，内部管理的重点是以风险管理为战略保驾护航，成功穿越周期的迷雾。

（2015年3月21日）

守险不守障

险者，势也；障者，城也。守险不守障，是军事上的一种战法，其战略重点是争夺外势，不固守一城一地之得失。这种战略思想在现代市场竞争中也有广泛应用。如香港股神曹仁超的炒股名言是“宁买当头起，不买当头跌”，不固守点位、价位。又如，当前国内A股市场，市盈率最低的是银行股、市价跌破净值最多的也是银行股。在经济下行期，银行不良贷款率上升是大势所趋，经济走势不止跌回升，银行资产质量就下滑不止。有学者认为，这轮宏观经济波动主要是周期性波动，不是结构性问题，或者说，仅是经济增长率“点位”的波动，不是中国经济长期增长趋势的逆转，即中国经济比较优势还在。因此，中国政府放弃了“保8”“保7”之类的增长目标，转向供给侧改革。同理，从宏观视角看，可以说本轮银行业资产质量下滑的主要原因也是周期性波动，不是结构性问题。从银行微观角度看，行长们都在要求相关部门和分行严防死守不良贷款的发生。效果将会如何呢？

如果商业银行不良贷款率上升主要原因是周期性因素，相关职能部门采取逆周期的信贷控制措施，如降低风险偏好，信贷投向具有抗周期性风险的客户和项目，这样虽难以阻止资产质量的下滑，但熨平不良贷款的波动是有可能的。反之，如果银行不良贷款上升的主要原因不是周期性因素，而是银行自身结构性问题，如风险治理结构存在重大缺陷，那么，无论相关管理部门和分行如何严防死守，都是控制不住不良贷款集中爆发的。风险治理结构存在重大缺陷，必将损害银行的比较优势和竞争优势。如银行风险成本明显高于银行业平均水平，或者存款成本明显高于银行业平均水平，都是该银行缺乏核心竞争优势的重要标志。这类银行走出资产质量困境的唯一途径是进行风险治理结构改革，重建核心竞争力，尤其是风险管理能力，创建竞争优势。

如何才能尽快创建竞争优势呢？《孙子兵法·势篇》对此有专门论述，对银行风险管理仍有重要参考价值。孙子曰“转圆石于千仞之山者，势也”。公司治理理论也认为，董事会和高管层对银行风险管理承担最终责任。因为董事会和高管层承担的是“筑势”“守势”即“守险”的责任。如何“筑势”呢？孙子曰“故善战者，其势险，节短”。近十多年来，国内银行风险治理由过去的行长负责制逐渐过渡到条线负责制，就有利于通过条线垂直管理，构筑职能条线负责人在条线治理中承担第一责任人的“位势”，以体现“其势险”，提升条线执行力。全面风险管理理论也认为，全面风险管理是一个由董事会和高管层直接驱动的流程，以体现“其节短”。因此，相对于原来的行长负责制，条线垂直管理更符合“其势险，节短”。进一步，以信贷流程为例。国内银行信贷流程模式，在授信申报和授信审批环节，大多是“多级申报、多级审批”模式，而许多国际先进银行授信流程从支行，到分行直至总行，是采取的“一级申报、一级审批”模式，流程最短、控制最有力。

风险具有不确定性，守险之势也是因随而变的。孙子用“奇”“正”来分别表述不确定与确定性。孙子曰“战势不过奇正，奇正之变，不可胜穷也”。“凡战者，以正合，以奇胜”。从这个意义上，守险与守障是相对的。如果说守险是奇，守障就是正。同理，如果说业务战略是奇，风险治理就是正。风险治理相对于不良贷款率而言，风险治理又是奇，是势；不良贷款率是正，是障。依次类推，授信审批是奇，贷后管理是正；客户经营状态和还款来源是奇，客户财务分析和担保抵押是正；监测预警是奇，合规尽职是正。公司基本面是正，公司市场价值周期性大幅涨落是奇。是故，求之于势，不责于人；奇正相生，以正合，以奇胜。

（2016年2月1日）

信用风险与市场风险

十多年前，那还是在北京工作的时候，随领导去参加一个银行风险管理论坛。北大张维迎教授也到场演讲，具体内容记不清了，只记得他演讲的题目是“道德风险和市场风险”。他说从经济学意义上，没有信用风险，只有市场风险，信用风险也是市场风险。虽说隔行如隔山，银行家的信用风险成了经济学家研究的市场风险，但也隐含着信用风险与市场风险存在转化相通之处。不妨把这个意义上的市场风险称为广义市场风险。另一个类似的区分是，债权与股权。从会计学看，对公司的债权是需要还本的，有借有还；股权是不需要还本的，按股分红。在投资实践中，通过多层控股关系，如银信合作等方式，第一层级股东公司的债权，也可以成为第三层级子公司的股权，因此，从投资人的角度看，债权与股权也是可以打通的。可转债与股票质押贷款等工具都可以打通债权与股权。在银行风险管理实践中，通常对客户的债权属于信用风险领域，股权属于市场风险领域，既然二者是可以相互转化的，不妨也可以从广义信用风险角度，研究包含股权或债权的信贷投资。从广义的角度看，信用风险与市场风险的关系如何呢?

2007年，宏观经济处于加杠杆周期，银行过度授信比较普遍，股票市场正处在大牛市之中，那时的风险特征是信用风险高、市场风险也高。投资者的困难在于，在股神满天飞的市场繁荣中，市场风险难以识别和预测，不知泡沫何时破裂。那时，做信贷审批的同事由于熟悉上市公司信贷客户的财务状况，虽然心里痒痒地想入市，但又不敢入市，因为客户股价虽高，但其财务及信用风险状况堪忧。后来股市泡沫破裂，当时忍着不入市的审批员无疑是做对了。由此看来，守着信用风险可以有效防范市场风险。

信用风险低的公司，市场风险是否就低呢？1997年金融危机后，四大国有银行不良贷款高企，国外媒体评论说，这几家大行技术上已经破产，因为不良贷款损失已经超过银行资本金。几年以后，国有银行剥离不良贷款，实行股份制改造，以相当低的股价引入国际战略投资者，2002年开始国有银行陆续上市后，这些国际投资者通过在资本市场出售所持股份，均获得数倍的回报。在这个案例中，国有银行技术性破产，看似信用风险高，其实国有银行背后的信用主体是中国政府，因此，国有银行股改上市是一个信用风险低、市场风险也低的投资机会。对于低信用风险，反例也是有的。如2007年的万科公司，该公司信誉一直很好，资产负债率在同行业中属于中低水平，如果认为万科公司信用风险低就买入万科的股票，那么，现在8年过去了股票还不能解套。

虽然公司信用风险低不一定市场风险就低，但信用风险高的公司，则市场风险高是大概率事件，如上述2007年中国的信贷市场与股票市场的关系。再如2008年美国次贷市场引起的金融危机。次贷就是高信用风险的贷款，虽然次贷经过衍生工具层层包装，这些衍生产品的信用评级大多是AAA级，从这次危机中学到的教训是，与次贷相关的金融产品的市场风险也高。2008年金融危机倒闭或被兼并的雷曼公司、美联银行等交易型银行，看似是其市场风险管理失败导致的，其实是信用风险管理失控导致的，因为在这场危机中最后胜出的都是信用风险管理良好的富国、摩根大通等关系型银行。

能找出信用风险高，市场风险低的案例吗？恕我孤陋寡闻，没有找到。难怪德鲁克把公司定义为一个社区，信任是基础；巴菲特买入一家公司的股票，前提是公司有一个值得信任的管理团队；在COSO制定的全面风险管理框架中，高管层的诚信是全面风险管理的首要因素。人无信不立，企业也是如此。如果说信用风险管理是根，市场风险管理就是枝叶，银行风险管理这棵大树要经受得住狂风暴雨，根基必须牢固。

（2015年5月31日）

产品风险、客户风险与内控风险

银行像工商企业一样，也是靠销售产品赚钱的，只是银行属于服务行业，所谓的产品实质是一套服务流程。银行产品种类繁多，流程也复杂，因此，复杂性是银行业的一大特征。以信贷产品为例，一般大中型银行信贷产品有上百种，涵盖贷前、贷中、贷后的信贷产品操作规程数量更多。信贷流程就是把放出去的贷款收回来，因此一笔信贷服务或者说一个信贷产品流程，时间跨度都很长，少则半年，长则几年甚至几十年的都有。这么长的时间跨度，涉及银行前、中、后多个部门，如何确保放出去的贷款能够收回来呢？这是银行面临的最大挑战。

最简单的信贷策略，就是提高信贷客户准入门槛，风险低的客户才做，风险高的客户不做。如果银行经营首要目标是风险最低，这样的策略当然可以。现实中，银行经营目标也像工商企业一样是利润最大化；不同的是，除了资金成本外，风险成本是大多数银行最大的成本。所以，银行的经营，虽说不是刀尖上的舞蹈，但确实是经营风险的事业，事关国家宏观经济的稳定和发展。银行的风险理念是什么呢？“高风险、高收益”这种线性风险观，不仅理论上是错误的，现实中，虽然杠杆炒股者可能会有这样的想法，但没有哪一家成功的银行会倡导这样的理念，银行认可的经营理念都是审慎和稳健。一方面要承担大量的风险，另一方面又要做到稳健经营，这是经营风险的银行业最精深的奥妙所在。

既然仅凭办理低风险客户信贷业务不能满足银行利润目标，而高风险客户不能不做、又不能超出自身风险识别和控制能力盲目发展，因此，客户定位对于银行风险控制十分重要。银行信贷产品制度都有客户定位和客户准入条件这一内容，对于高风险客户还要限定担保、抵质押等风险缓释手段，贷款用途、贷款支付的贷款授信条件以及贷后管理要求等，以便把不同的信贷产品卖给风险水平不同的客户。

理想很丰满、现实很骨感，这句话也适合近年来银行在“××抵押融资通”“××市场贷”“钢贸融资”“保理”等信贷产品领域风险频发的尴尬局面。在这些高风险信贷领域，授信担保条件，实际执行中演变成了关联企业担保、联保联贷；抵质押条件，演变为重复抵押、二押、第三方抵押；贷款挪用，尤其是批发零售行业贷款挪用十分普遍；贷款受托支付，成为信贷资金出门转一圈后的以贷引存；贷后管理普遍不到位，还是10年前“重贷轻管”的老问题。

问题出在哪里？风险部门认为，是业务部门的客户定位出现偏差，信贷产品没有卖给相应的客户。业务部门认为，是审批条件越来越严，不可操作，导致风险越来越高。监管部门认为，近年来集中爆发的风险，主要原因在于银行内部管理不到位。正如射箭一样，射不中靶心，可能不是靶心定位问题，而是拉弓引箭的功夫不到家。信贷客户定位也是如此。如果信贷产品的控制流程不到位，实际执行就会偏离客户定位。因此，明确客户定位以后，先有有效的控制流程，方可谈信贷产品设计。否则，就只能优先考虑风险控制目标，缩小客户选择范围，降低风险偏好或放慢业务发展速度。2008年以来，正是银监会大力推行“三个办法一个指引”的时期，近年来集中爆发的风险，大部分也是这一时期发放的。“三个办法一个指引”的实施，为何没有取得预期效果？因为这套监管制度都是属于银行信贷产品层面的监管，如果银行内控失效，所有的信贷产品控制流程都会形同虚设，都会失效。虽然风险管理是每个部门、每个层级、每个员工的责任，但内控风险管理的主要责任不在分行，不在业务部门，也不在风险部门，更不在外部监管部门，而在高管层和董事会，在公司治理层面。只有确保内控流程的有效性，才能确保成百上千的信贷产品流程的有效性。从这个意义上，汇丰银行倡导的“银行只有一个流程”的理念是值得借鉴的，这个流程首先是内控流程。

（2015年6月28日）

关系型银行、交易型银行与风险定价

大约20年前给信贷行长写工作报告，印象最深的是，写信贷进入部分容易写，写到不良贷款化解、信贷退出部分办法不多，绞尽脑汁也写不出多少干货。如今经济又一次进入了下降周期和银行不良贷款高发期，行长们又一次面临资产质量的严峻挑战。虽然过去了20年，银行商业化改革也20多年了，四大国有资产管理公司也成立十多年了，但在潜在不良贷款大量积聚的现实面前，行长们化解不良贷款的手段至今并没有改进多少，行长们工作报告中关于信贷退出的政策还是像挤牙膏一样想到一项出一项。银行信贷实践表明，信贷管理的难点不是信贷进入，而是信贷退出。

曾经有一位来自国际大行的行长这样对我说，信贷业务就是把放出去的贷款收回来。信贷业务是用信贷退出来定义的，信贷退出的方式决定了信贷进入的方式，信贷退出的规则决定了信贷进入的规则，不同的信贷退出方式，就是不同的信贷产品。如流动资金贷款与贸易融资产品的退出方式（还款来源）就不同，房地产开发贷款与一般固定资产购置贷款退出方式也不同。信贷业务因为退出难，所以进入流程也长，客观上要求严控信贷准入，即信贷进入门槛多。从这个意义来看，信贷业务与金融市场业务存在本质差异。一般而言，金融市场业务是进入容易，退出也容易。当然，市场波动（市场风险）也大。

以股票市场为例，散户的买、卖交易都很容易，所以追涨杀跌是散户交易的主要特征，也可以说是散户的比较优势。在银行信贷市场，中小银行在选择信贷客户时也采取这种“追涨杀跌”的交易型银行策略是否可行呢？

2002年前后，中国经济逐渐从上一轮金融危机（1997年亚洲金融危机）的冲击中走出来，银行信贷增长也走上了快车道，中国银行业信贷规模由2002年约10万亿元增加到2012年的约70万亿元。2008年国际金融危机之前，中小商业银行信贷战略趋同现象比较明显，其中一个典型特征是“垒大户”现象。中小银行在信贷进入环节常常跟随四大国有银行进入大客户、大项目，大客户的授信银行多达十多家是普遍现象。对这种信贷进入跟随战略执行得最彻底的是民生银行，该行截至2008年底大客户授信占该行对公授信总余额的比例达到90%。由于这些大客户以国有企业为主，信用风险相对较低，在存贷款利率由央行决定且利差有保障的利率环境下，大客户贷款定价主要变动因素，不是风险，也不是利率，而是客户关系。在固定利率环境下，采取信贷趋同战略成长起来的中小商业银行，由于其风险定价能力并没有随着规模增长同步得到发展，在下一阶段利率市场化信贷环境下将面临比国有大型银行更大的挑战。如民生银行2008年以后信贷战略重点由大客户战略转向小微客户战略，至2014年由于小微信贷客户不良率大幅上升，小微信贷战略转型遇到重大挫折。民生银行面临的战略转型问题，其他中小商业银行也普遍存在。在上一个十年信贷高速增长期，执行信贷跟随战略的其他中小商业银行，大多为了“垒大户”，或进入这些大户的上下游中小客户，在信贷进入环节放松信贷准入标准，或进入大批本行不能有效控制信贷退出的客户，在如今经济下行、潜在风险大幅上升的环境下，在信贷退出环节，与国有大银行相比处于明显不利的竞争地位。这些年来，国有大行的信贷产品结构已经发生了质的转变，已具备抵御周期性信贷风险的能力。以工商银行为例，1993年流动资金贷款占比81%，固定资产贷款占比18%。如今工商银行流动资金贷款占比不到30%，且以信用证等便于监控信贷退出的成熟信贷产品为主，固定资产贷款占比超过70%。而中小商业银行产品结构中，流动资金贷款占比都在70%左右，固定资产贷款占比仅30%。国有大行的固定资产贷款一般都要求抵押和结算账户控制，中小商业银行的流动资金贷款大多是信用方式或保证、联保、互保，也不能控制企业的结算现金流。这样，对同一个授信客户，在信贷退出时，中小商业银行明显处于不利地位。近年来，在钢贸等大宗商品信贷风险案例中，损失最大的大多是中小银行。2008年国际金融危机后，在民生银行的带动下，还不具备风险定价能力的中小商业银行，为了追求“高风险、高收益”，再一次将交易型银行“追涨杀跌”的策略照搬到信贷市场，纷纷加大了中小客户信贷投放。由于没有开发出成熟的信贷产品控制中小客户信贷退出，如今都面临中小信贷客户不良率大幅上升的压力，原定位于中小客户的“××贷”“××通”，很多已成为“不良贷”了。相反，国有大银行对小微和个人客户的信贷支持仍然固守在按揭贷款等传统优势业务领域方面，该类业务占比维持在20%左右。由于按揭贷款不良率低，综合收益率较高，对国有大银行度过本轮经济波动起到了很好的缓冲作用。

综上，风险定价能力集中体现为信贷产品设计和控制能力，实质是客户关系的主导和维护能力。信贷产品设计的重点是信贷退出；信贷准入是信贷业务风险控制的重点，不是难点，难点是信贷退出和贷后管理。“会放贷款是徒弟，会收贷款是师傅“。信贷进入和退出贯穿信贷全流程，就是一家银行的风险管理能力。近日，工商银行姜建清董事长对媒体披露，“工商银行第一大业务板块是风险管理”。看来，中小商业银行也到了重视这块业务的时候了。

（2016年4月14日）

兵不厌诈：道高一尺，魔高一丈

曾经，一位风险官领导对我说，信贷风险控制的第一关就是防欺诈，但他没有说如何防欺诈。信贷工作是实操性很强的一项工作，很多专业判断都是靠经验积累和感觉，师傅带徒弟常常是这样点到为止，“师傅引进门，修行靠本人”。综观国内外银行同业风险案例，欺诈风险可能是最难防，也是各级风险管理者、行长们最担心的一种风险，因为一旦发生，可能就是惊天大案和重大损失，甚至导致公司破产或濒临破产。如巴林银行欺诈案、安然公司欺诈案、法兴银行欺诈案等。由于转型期国内法制环境不完善，国内银行面临的欺诈风险也十分普遍，惊天欺诈大案屡见不鲜。仅公开报道的欺诈大案，就有1997年建设银行恩平分行55亿元欺诈案、2004年山西太原“7·28特大金融诈骗案”11亿元、2005年中国银行哈尔滨支行高山欺诈案2.9亿元、2014年某银行存款欺诈案23亿元，等等。国内银行面临更严峻的欺诈风险挑战。按照国际银行业的风险分类标准，国内银行业将欺诈风险纳入操作风险管理范畴，但由于对操作风险结构的特殊性以及操作风险与信用风险、市场风险的相关性缺乏清晰的认识，国内银行业在操作风险管理，尤其是欺诈风险管理方面还存在许多薄弱环节亟待加强和完善。

按照监管定义，操作风险是指不完善或失败的内部流程、员工、系统或外部事件所导致的直接或间接损失的风险。操作风险的范围包括：流程风险、员工风险、系统风险和事件风险。员工专业能力不足或不诚信行为属于员工风险。内外部欺诈行为属于事件风险。据国内银行不完全统计，从操作风险事件数量看，信用卡业务相关的欺诈风险事件数占绝大多数；从操作风险损失金额看，对公业务欺诈风险损失金额占了绝大比重。因此，无论从操作风险事件数量看，还是从损失金额看，欺诈风险是国内银行最主要的操作风险。国内银行操作风险管理的主要任务是如何防欺诈，尤其是对公业务相关的内外部欺诈行为。

从近年来国内银行业发生的欺诈风险事件看，欺诈风险没有得到有效遏制，而且涉及特大、重大金额的欺诈事件时有发生。究其原因，一方面是由于欺诈风险难以管理的特殊性。孙子曰：兵以诈立，以利动，以分合为变。这是战争年代的兵法，是零和博弈、是两败俱伤。在市场经济环境下，公平交易才能实现双赢。但在市场经济大潮中，损人利己、不择手段、甚至将杀人的兵法用于牟取暴利的犯罪行为也比比皆是。正如马克思说的“为了100%的利润，它就敢践踏一切人间法律；有300%的利润,它就敢犯任何罪行，甚至绞首的危险”。在这些犯罪分子面前，任何市场规则、经营规则都可以打破，“兵以诈立、以利动”是也。一个人实施欺诈总是很难的，演双簧也要两人，欺诈案件常常是犯罪团伙分工合作共谋完成的，“以分合为变”是也。

另一方面，很多银行将操作风险管理独立于信用风险、市场风险管理流程，没有将欺诈风险管理嵌入信用风险、市场风险管理之中，导致未能及时把握欺诈行为随着银行业务创新演变的动态。2003年至今，国内经济走完了一轮相对完整的周期，现在处在L型谷底区间，从2014年开始，银行信贷风险逐渐上升。回顾这些年来银行业风险管理的得失，以下几类信用风险或市场风险较高的创新业务，碰到的欺诈风险案件也较多。

一是联保联贷业务。比如一个企业来某家银行贷款，申请贷1000万元，本来该企业不符合该银行信贷准入条件，但其发现银行有联保联贷信贷产品，为了得到贷款，于是其再找一家企业互保，可能后面这家企业也不符合该行授信条件。结果，在联保联贷模式下，两个都不符合信贷准入条件的企业经过互保，就可以从银行贷到2000万元贷款。有些不法分子可能利用银行联保联贷产品存在的缺陷进行欺诈，比如一个犯罪分子成立多家企业，然后让这些关联企业互保向银行申请贷款，骗取信贷资金。从发生的这类欺诈案分析，这类欺诈行为之所以能够成功，必须有银行内部信贷人员参与合谋才能完成。

二是钢贸货押信贷业务。这类信贷业务大多是股份制中小银行的创新业务，该类业务发展初期，银行要求钢材贸易商办妥钢材抵押手续，银行才给予授信，后来在4万亿元大投放期间，银行为了加快信贷投放，放松钢贸货押信贷业务放款条件，由原来的押货改为不押货，凭钢材入库单银行就可以放款。对于这一业务创新存在的缺陷，有些不法分子与钢材仓库串通提供虚假的入库单，导致一批钢材出具多份入库单，在多家银行重复抵押办理多笔授信业务，骗取银行贷款。对于这类欺诈风险，如果银行信贷人员认真履行到货验货、打款赎货等货押业务流程，也是可以避免的。

三是通过同业投资科目同时做大同业资产、同业负债的同业存单业务。在这类业务中，A银行接受B银行出具的同业存单后，将同业存款存在B银行，通过通道公司变成一笔同业投资业务，B银行同时做大了同业资产和负债，赚取同业利差。有些不法分子，向B银行出具虚假的同业存单，骗取B银行的同业资金。其实，这类同业创新业务，如果汲取银行在办理一般公司业务存单质押授信业务中，仅接受本行开出的存单办理质押授信的经验教训，就完全可以避免接受他行虚假同业存单的欺诈风险。

四是与各地金交所相关的假保函相关的诈骗业务。近年来，各地成立了许多金融资产交易所，许多企业通过金交所发行企业债券进行融资。有些不法分子利用金交所这一创新场所，伙同互联网公司、保险公司、银行内部员工，私刻银行印章，为企业在金交所发债出具虚假融资保函，骗取网民资金。对于这类欺诈案件，如果银行及早汲取历史上一再发生的假印章欺诈案件的教训，推行电子印章系统，是能有效防控该类欺诈案件的。

由上可知，近十多年来，虽然银行欺诈案防不胜防，但是也是有规律可寻的。一是欺诈案大多与信贷、金融市场等创新业务如影随形，正所谓“道高一尺，魔高一丈”。如果银行在推出各类创新业务时，操作风险管理部门基于历年欺诈风险数据库，同步介入审核欺诈风险，完善创新业务的产品流程，就可大幅降低欺诈风险。二是以上四类典型创新业务的欺诈风险，最终都可以归结为流程风险、员工风险或系统风险，而这三类操作风险银行都有相对成熟的损失数据库和控制政策措施。从这个角度看，即使对于来无影去无踪的欺诈风险，通过完善操作风险管理，银行有条件确保实现“魔高一尺，道高一丈”的风险管理目标。

（2016年5月5日）

超越银行资产负债风险管理

从1993年确立利率市场化改革目标，到2015年出台存款保险条例、2015年（继2013年放开贷款利率下限管制后）放开存款利率浮动上限，中国利率市场化改革历经20余年已基本完成。2008年国际金融危机前，曾经代表美国财政部参与了美国20世纪80年代储贷危机的弗兰克·纽曼先生，那时任深圳发展银行的CEO。有一次，在行内会议上他透露自己就利率市场化可能导致的银行业风险向央行领导写过信，鉴于国内银行资产负债风险管理经验不足，建议利率市场化不可太快。2008年国际金融危机后，国内利率市场化改革进程暂缓了一段时间。从2012年6月8日起，以存款利率浮动区间逐步放宽为标志，利率市场化进入加速推进的阶段。2012年6月14日，已经卸任深发展CEO的纽曼先生，接受了《证券时报》的采访，公开表达了他在几年前向央行领导建议的观点，他认为，“中国政府为保证银行的盈利空间，通过控制利率水平保证稳定的息差空间。但是上周中国央行也开始允许利率在一定程度内有所浮动。这种小范围、渐进的利率市场化举措是有益的，一次性完全彻底放开并不实际。彻底放开后，息差空间因竞争而剧烈收窄，从而迫使银行转向更为高风险的业务领域。比如在美国和英国利率市场化的环境中，银行传统息差业务利润空间非常小，银行从事存贷业务无利可图，此刻银行自然会去开发一些新的盈利渠道，但新产品或业务通常具有巨大的风险。这种转变，会给经济和金融系统带来极大的不稳定性”。

当前国内中小银行在同业存单、债券投资等方面潜在的高杠杆风险、利率风险和流动性风险十分突出，为了防范和化解系统性风险，中央财经领导小组会议专门强调防控金融风险，治理市场乱象。为了摸清银行业真实风险状况，2017年1—4月，中国银监会就下发了9份风险监管和风险排查通知。前事不忘，后事之师。回头再看，前些年纽曼先生一再提示利率自由化可能给银行业带来风险的观点，对于当前中国银行业风险防控，具有较好的参考意义。也有一些观点认为，当前中国银行业的风险是由于利率市场化改革单兵突进，国企改革、财政改革不配套造成的；还有一些观点认为，现有的金融理论已经不能适应利率市场化和金融深化的金融业发展现实状况等。

本文通过比较美国20世纪80年代储贷危机、2008年国际金融危机和中国当前银行业潜在系统性风险，认为当前国内银行业潜在系统性风险背后的机理是美国20世纪80年代储贷危机和2008年国际金融危机背后原因的叠加。为了走出当前银行业面临的风险困境，在中国利率市场化改革基本完成和银行向综合化经营转型的现实背景下，需要超越传统资产负债风险管理理念，建立宏观视野下的资产负债风险管理新理念、架构和机制。

一、20世纪80年代美国储贷危机

（一）美国20世纪70—80年代利率市场化

美国利率市场化始于1970年，完成于1986年。利率市场化之前，存在Q条例，它规定商业银行不能对活期存款支付利息，且对定期利率规定了上限。1970年，美国放开10万美元以上大额存单的利率管制，随后逐步放开所有大额存单利率和1000万美元以上、期限5年以上的定期存款利率。1983年取消所有定期存款利率上限，直到1986年取消了支付性存款的利率限制和存折储蓄账户的利率上限等，Q条例完结，利率完全市场化。

利率市场化后，银行资产负债结构发生了很大变化。一是银行负债结构方面，存款占比下降，同业借款占比上升，存贷利差收窄。20世纪70年代初开始的利率市场化进程中，商业银行增加主动负债来弥补存款的下降。存款占比由1973年初的90%下降到1987年的78%，而同业借款占比在1973年初仅为7%，到1987年末已经达到16%。利率市场化使得银行负债成本抬升，叠加美联储加息，存款利率上升幅度远大于贷款利率，使得存贷利差大幅缩窄。联邦存款保险公司(FDIC)数据显示，银行存贷利差从1977年的3%大幅降至1981年的–1%（而后随着利率下降而回升）。

二是风险偏好抬升，非银行机构崛起。利率市场化进程中，面对资金成本上升的压力以及银行业激烈的竞争，商业银行普遍提高资金的运用效率，并且转向高风险、高收益的领域。

提高资金运用效率，扩大贷存比。利率市场化改革以来，商业银行贷存比显著提高。1973年末的贷存比为73%，而到了利率市场化改革完成的1986年，贷存比已经达到80%。

加大房地产贷款投放，比重超过工商业贷款。利率市场化初期，美国商业银行贷款中占比最高的是工商业贷款(占比34%)，房地产贷款占比约24%。面对20世纪80年代初净利差的大幅下滑，美国商业银行增加发放收益率更高的地产贷款，到了1987年房地产贷款比重超过了工商业贷款的比重，1990年工商业贷款比重降至31%，而房地产贷款大幅上升至40%。

与此同时，非银行金融机构崛起，金融机构杠杆率扩大。利率市场化的背景下，美国影子银行快速发展。从负债增速来看，利率市场化之前，美国金融部门负债增速稳定在8%左右，而到了20世纪70年代到80年代中期，负债增速扩大到两位数，远大于同期银行业负债增速，表明非银部门负债快速扩张，例如货币基金的出现与发展壮大。从杠杆率来看，美国金融部门非存款负债占GDP的比重从1970年的25%飙升至1990年的127%，表明整个金融部门大幅加杠杆。

（二）美国储贷危机

利率市场化+联储加息，资产负债利率倒挂。储蓄与贷款协会

(简称“储贷协会”)是政府支持和监管下专门从事储蓄业务和住房抵押贷款的非银行金融机构，曾经一度是美国仅次于商业银行和人寿保险公司的第三大金融机构。随着利率市场化的推进，储贷协会面临较大的负债压力。由于当时石油危机、通胀高企，市场存款利率飙升至20%，而长期房贷利率在13%～15%，且储贷协会不少贷款都是20世纪70年代的低利率房贷，资产负债利率倒挂严重。

监管放松，储贷机构风险偏好更加激进。20世纪80年代初，针对储贷机构的相应管制逐渐放开，如允许提供浮动利率的抵押贷款、降低资本充足率要求、放开投资限制等。储贷协会开始快速扩张，FDIC数据显示，储贷机构总资产从1983年的6860亿美元增加到1985年的1.07万亿美元，大幅增加56%，远高于同时期商业银行和储蓄银行24%的资产增速。另外，储贷机构不仅增加房地产抵押贷款规模，还将大笔资金投向了商业地产、权益类资产、垃圾债券、各类项目投资贷款等高收益资产。

地产繁荣终结，2000多家金融机构破产。由于金融杠杆攀升、大量信贷投向地产领域，20世纪80年代美国地产市场繁荣发展，房贷和房价螺旋式上升。1986年美联储加息刺破泡沫，地产市场景气度下滑，地产贷款不良严重，最终导致银行业危机。FDIC数据显示，1987—1990年，在FDIC投保的储贷机构面临连年亏损，1985—1990年共有2000余家美国商业银行和储贷机构破产，其中州立或联邦储蓄协会破产达到700余家。

二、2008年国际金融危机

美国银行业资产负债管理经历了利率自由化改革前的资产管理阶段、利率自由化环境下的负债管理阶段和储贷危机后的资产负债综合管理阶段。在20世纪80年代美国储贷危机后，欧美银行业加强了资产负债管理和资本充足率监管。资产负债综合管理有利于商业银行控制类似美国储贷危机那样的利差风险（资产负债结构性利率风险）和流动性风险。资产充足率监管有利于商业银行增强资本约束，控制高风险信贷资产投放，抑制规模扩张。然而，利率自由化和资本充足率监管相结合极大地改变了商业银行经营模式，商业银行由传统银行业的“发放—持有”的利率经营模式转变为“发放—销售”的资产周转经营模式。

随着20世纪70年代欧美国家金融管制放松和1988年颁布的《巴塞尔资本协议》，商业银行为了规避监管资本要求，加快了资产证券化业务发展，纷纷将表内信用风险通过资产证券化转移到表外。1997年发生的亚洲金融危机向人们证实了，信用衍生产品确实能增强银行抵御突发风险事件的能力，有助于避免重大突发风险事件给银行造成的巨大损失。在2001年底到2002年初所发生的安然和世界通讯的特大破产案中，美国多家银行正是由于运用了信用衍生交易，才使自己幸免于难。这些事件进一步加快了信用衍生产品市场的发展。1996年末，全球信用衍生产品市场规模仅0.18万亿美元，到2007年底信用衍生产品市场规模已经达到62.2万亿美元，在1997—2007年的10年中，整个市场规模膨胀了

345.6倍。美国次贷危机就是在这样的背景下爆发并演变成国际金融危机的。

美国次级贷款是住房抵押贷款中的一个很小部分，约占其住房抵押的10%左右。2007年3月，次贷危机刚触发不久，我正好陪同行领导参加央行每月一次的货币信贷分析会议。会上，商业银行参会的行领导汇报时，都谈到对美国次贷问题的看法，绝大多数行长们都认为美国次贷问题对中国经济不会造成很大的影响，唯一持不同看法的是当时任中国银行副行长的朱民博士。他认为，次贷问题的负面影响不可轻视，并基本预见到了后来次贷危机的传导路径：美国次贷危机—美国消费下降—美国经济增长下滑—中国出口下降—中国经济增长放缓。他唯一没有预见到的是，在次贷危机中美国五大投行全军覆没、大批商业银行破产倒闭。这是闲话，按下不表，转入正题。

美国个人申请住房按揭贷款要进行个人信用评分，个人信用分值范围为365～840分。根据个人信用评分，美国住房按揭贷款分为三个层次：个人评分660分以上的为优质贷款，首付比例通常为20%，月供占收入比例不高于40%，此类贷款占住房按揭贷款80%以上；个人评分620～660分的为次优级贷款，占住房按揭贷款的比重约为4%～5%；次级贷款的个人评分在500～620分，首付比例低于15%，月供占收入比例可以超过55%，此类贷款占住房按揭贷款的比重为13%～15%。据瑞银国际（UBS）统计，截至2006年底，美国次级抵押贷款的违约率10.5%，是优质抵押贷款违约率的7倍。

为了将这些违约率较高的次级贷款从银行资产负债表剥离出去，银行通过资产证券化方式，发行次级债MBS（抵押支持证券），次级债经过再证券化后成为含有次级债的CDO（信用违约期权）等信贷衍生产品，卖给投资者。从次级债到CDO的生产制造流程是：次贷借款人—银行—投资银行、评级公司—（证券化）—MBS—（再证券化）—CDO。其中，投资银行的作用是将这些次级债（MBS、CDO）打包、分层，评级公司的作用是给每一层级评定不同的信用等级。高档层级一般能够获得AAA级，有了AAA评级，保险公司、美国地方政府、养老基金、银行等风险偏好较低的机构就可以投资这些本来信用较差的次级贷款；中间档次的债券信用评级包括AA、A、BBB级，投资收益较高，投资者为风险偏好较高的对冲基金和投资银行；股权档一般没有评级，债券收益最高，通常由发起人持有不对外出售，有时也出售给对冲基金和投资银行。为了对冲这些中低档次债券的违约风险，投行们又设计出能够对冲低质量档次CDO风险的衍生工具CDS（信用违约掉期）。CDO和CDS被出售给来自全球的对冲基金和各大金融机构。

从内容上看，CDS相当于债券持有人为所持债券所买的违约保险。卖出CDS的一方在收了“保费”之后就要承担相应的违约赔偿责任。通常情况下，CDO很少违约。2007年，在次贷危机发生后，不仅次贷发生了违约，而且因违约被银行强制收回住房所有权的家庭中，有45%是优先级、次优级或政府支持的住房客户。由于CDO大量违约，CDS卖方蒙受巨大损失。因为CDS卖方收取的保费仅为其担保的相关债权价值的几个百分点，如果债权大幅贬值，卖方将因此损失保费的数倍。比如，假设CDO的投资者以每年2%的保费，买到了CDS提供的担保，当CDO变得一文不值时，CDS的卖方将因此损失相关CDO价值的100%，或者说，保费的50倍。更大的问题是，信用违约掉期早已不再是金融资产持有方为违约风险购买保险的保守范畴，合约双方与需要办理信用保险的金融资产都可以毫无关系，它实际上已经演化为信用保险合约买卖双方的对赌行为，他们赌的就是信用违约事件是否出现。如贝尔斯登公司、雷曼兄弟公司破产，“两房”及AIG集团被政府接管，都是由于在CDS产品上出现巨额亏损。潜在的问题远不止于此。2008年次贷危机期间，AIG的CDS的交易对手名单中囊括了几乎所有美国大型金融机构，唯独没有花旗银行。原来，花旗银行采取了一种比购买CDS更好的赚钱方式，那就是SIV（Structured Investment Vehicle，结构投资载体)。SIV功能同商业银行相似，不过“存款”不是来自储蓄，而是通过发行短期商业票据获得的短期资金；而“贷款”就是将从金融市场筹集来的资金，投资长期、高收益证券。也就是说，在大家都在为MBS的安全担心，而纷纷购买CDS为其保险时，花旗银行则将大量的MBS卖给了自己管理的SIV。在SIV鼎盛时期，全美大约有30多家SIV机构，持有的资产超过4000亿美元。随着2007年美国房地产市场见顶下跌，房地产次级债务市场出现松动，SIV募集资金越来越困难。其中，仅花旗银行一家在2007—2008年，就有近1000亿美元的资金被套牢在SIV中，而花旗银行2007年的一级资本金总额仅有

909亿美元。由于在次贷危机期间，在CDS和CDO上出现巨额损失，花旗银行（仅次于美林证券的第二大CDO承销商）的股价在危机爆发前后，仅一年多时间就暴跌97%，走到了破产边缘。在次贷危机中，这62万亿美元的CDS将整个世界金融市场暴露在了一个前所未有和难以估量的系统性风险之下。

三、利率市场化与当前国内银行业风险

2015年3月，国务院颁布的《存款保险条例》，于2015年5月1日正式实施。2015年10月，央行宣布对金融机构不再设置存款利率浮动上限，标志着利率市场化改革基本完成。在利率市场化后，一方面，商业银行负债管理有了更多的选择手段，同时负债风险和资产负债管理风险（结构性利率风险和流动性风险）也伴随而来；另一方面，利率市场化导致商业银行的利差收窄，为了增加盈利，国内银行近年来提高风险偏好，扩大金融杠杆，在理财业务及以同业投资为主的投资银行业务方面迅猛发展的同时，银行业高杠杆风险也在快速积聚。在利率市场化和银行综合化经营双重推动下，国内银行尤其是国内中小银行的经营模式，也逐渐由“发放—持有”模式演变为“发放—销售”模式。因此，当前国内银行业积聚的风险性质具有美国20世纪80年代储贷危机和2008年美国次贷危机的双重特征。

（一）同业存单

2014—2016年，中国投放了78万亿元的货币信用（银行总负债增长），而GDP增量只有15万亿元。其中60多万亿元就是以同业存单—同业理财为特征的资金在金融体系内“空转”形成的各种复杂的交易性资产。

同业存单开始发行之前，由于国内银行结构的差异，很长时间内银行资金市场是分割的两级市场。大型银行网点都在1万家以上，存款增长快于贷款增长，属于资金富余的一方；中小银行网点少，绝大多数都在1000家网点以下，贷款增长快于存款增长，属于资金短缺的一方。打通这两级市场的主要依靠中小银行开出承兑汇票在大型银行贴现，贴现资金再回流中小银行作为存款，支持其发放贷款所需的资金。通过这个过程，中小银行很难快速做大资产负债规模，因为银行承兑汇票要受到关于贸易背景真实性的监管要求、固定的存贷利差和开票对应的增值税率等约束条件。

同业存单发行之后，银行票据业务呈现大幅收缩趋势，同业存单作为应付债券，未纳入同业负债统计，不受监管指标约束，成为打通大型银行与中小银行两级资金市场的主要工具，并为中小银行迅速做大规模提供了有利条件。2013年12月，中国人民银行颁布《同业存单管理暂行办法》，存单业务在银行间市场启动。发行人范围设定在市场利率定价自律机制成员单位，起初仅包括10家大型商业银行，2016年6月扩展到1556家，涵盖了大部分大中小型商业银行，包括23家大型全国性银行、127家城市商业银行、1234家农村商业银行，149家村镇银行，以及23家外资银行。2015年，同业存单进入发行快车道。2015年同业存单总发行量突破5万亿元，达到53065亿元，是2014年发行量的5.9倍。2016年同业存单发行13万亿元，比2015年增加145%。从发行人看，同业存单主要以城商行和股份制银行为主。其中，2016年末，城商行发行未到期同业存单为3.2万亿元，占50%；股份制银行存量为3.02万亿元，占48%；国有商业银行占比1.2%。从持有人结构看，截至2016年末，6.3万亿元同业存单持有人分别为全国性商业银行持有占比为25.1%、广义基金占34.9%、城商行占12%、农商行占8.7%、政策性银行持有10%。

2015—2016年，银行业呈现出同业存单+同业理财+委外业务的繁荣。如2016年中国银行业资产增速高达16%，而传统存贷款业务增速仅为11%，说明驱动中国银行业高速增长的是以同业业务为代表的投资银行业务。从整个资产管理行业看，如2016年，券商资产增速高达50%，保险和信托业资产增速高达24%，所有金融子行业的增速均远超13%的M2目标增速。2016年，银行业就增加了30万亿元的资产。资金主要流向了高风险的房地产、政府融资平台和信用债券领域。具体路径是：同业对接另一家同业（同业存单—同业理财），另一家同业对接委外，委外再加杠杆对接基金，最终这个交易结构中的底层资产主要是非标和债券。其中，非标主要是政府平台类项目和房地产项目土地融资。在资产扩张的同时，我国银行业的杠杆率由2007年的30倍左右，一路飙升到2016年的59倍，有的中小银行达到60倍（美国银行业在次贷危机期间杠杆率也没有超过25倍）。

（二）同业投资和理财——房地产融资和信用债

从资产端看，中小银行应收账款类投资科目占其资产总额的比大幅上升，主要是同业投资和理财对接的非标和信用债。如2016年末，股份制银行应收账款类投资占总资产的平均比例为20%，比2013年提高了13个百分点，有的股份制银行该项资产占比达到38%，超过贷款占比。五大国有银行应收账款类投资平均占比仅为2%，占比最高的银行也仅占3%。从实质风险类别看，银行应收账款类投资主要是政府融资平台、房地产开发贷款和信用债。中小银行之所以快速发展这类创新业务，一是可以规避风险监管要求，二是放松信贷准入标准。以应收账款投资项下的房地产开发贷款为例，按照监管要求，贷款科目项下的房地产开发贷款要求“四证”齐全才能发放，而中小银行通过应收账款类投资（非标）科目发放的房地产开发贷款，大多是用于买地融资。即银行推出这类购地融资创新业务后，房地产公司不需要任何资本金就可以启动一个房地产项目，项目开发完成后，银行再通过发放按揭贷款收回项目贷款。这样带来的一个后果是，银行发放这类融资业务越多，土地拍卖价越高，房价就越高；房价越高，用于抵押在银行办理的按揭贷款金额就越大。一旦大批购房者按揭贷款违约或者房价下跌，销售不出去，银行融资就会出现违约或成为不良贷款。这类购地融资授信业务，银行可以通过自营非标发放，还可以通过理财非标发放。

中小银行之所以放松准入标准办理这类高风险业务，究其原因，一方面是同业存单主动负债高速增长，驱动同业投资或者同业理财业务高速发展，即资产荒下的投资；另一方面是因为无论是同业投资还是同业理财，最终都可以通过理财资金承接，即银行表内风险可以向表外风险转化、信用风险可以向市场风险转化和分散。

再看看同业投资链条上的信用债，也是通过放松准入标准才得以迅猛发展的。以企业发行的信用债为例。如果银行作为信用债的投资方，原则上，银行投资某企业信用债的信贷准入标准与银行对该企业发放一笔贷款的准入标准应该是相同的。在信用债投资链条上，许多信用债是通过银行承销的，银行作为信用债的承销方与银行自营投资信用债的标准是不同的。比如，某企业是某银行的信贷客户，假设该银行对该客户的授信上限不超过1亿元，超过1亿元的授信就不符合该银行的信贷标准了。然而，如果该企业申请发行10亿元的企业债，该银行有动力也有能力为其承销。对于承销银行而言，一方面可以增加债券承销中间收入，另一方面企业发债资金还可以成为企业偿还本行贷款的资金来源。对于投资债券的银行而言，可以通过理财资金承接，债券风险可以转移出去。对于购买债券的投资人（个人或机构）而言，以为发债企业是银行客户，债券违约风险较低；对于企业而言，通过信贷银行承销债券，万一出现债券不能按时兑付的情况，还可以指望银行提供资金还债。当然，债券要经过评级公司的评级并达到发债标准。虽然该企业大量发债后的信用风险是显著上升了，但在利率下行的市场环境下，在短期的同业存单、理财资金的推动下，加上银行同业之间各类显性和隐性的担保承诺、抽屉协议等衍生手段，使得该类中长期的债券发行和交易保持顺畅。一旦债券大面积发生违约，市场利率就会大幅上升，接着同业存单利率上升，银行债券投资就可能出现利率倒挂，流动性风险骤然上升。

（三）债市风险与警示

2016年10月24日，债市大跌，之后的六个交易周时间把过去两年半的债市升幅全部跌掉；2017年初以来，5年期AA企业债发行利率从3%攀升到4月份的7%以上，即使这么高的票面利率，有的企业债还发不出去；同业存单利率也是连续攀升，6月份3年期同业存单利率已经突破5.5%，与一般贷款基准利率出现倒挂，表明流动性风险显著上升。

近两年来，在利率市场化驱动下，商业银行尤其是中小商业银行在资产负债管理方面出现的期限错配、利率倒挂、流动性风险上升等潜在系统性风险，其背后的机理与美国20世纪80年代储贷危机是十分相似的。另一方面，中小银行投资类资产占比上升，银行信用风险向表外转移、向市场扩散，银行经营模式由“发放—持有”向“发放—销售”转型，与美国2008年次贷危机的机理也是相似的。而且，以上两类潜在系统性风险在当前形成叠加，一方面是流动性风险和结构性利率风险为主的资产负债风险，另一方面是资产负债表之外的企业债大批违约风险和房地产价格大幅下降的潜在系统性风险，最终的风险源头还是在信用风险领域。

四、银行业转型与资产负债风险管理新挑战

对于当前银行业面临的风险，国家领导层和监管部门已经明确要加强监管，治理金融市场乱象。从商业银行微观管理角度看，在新的金融环境下，在银行业转型过程中，银行资产负债风险管理面临诸多新的挑战。

（一）资产决定负债，还是负债决定资产

1993年市场化改革以来，1994—1997年期间，商业银行实行的是贷款限额下的资产负债比例管理。这个时期，由于实行利率管制，存款增长是被动的，贷款增长受限额控制，银行没有负债风险，也没有资产负债风险，银行风险管理的主要任务是做好信贷资产风险管理。

1998年取消贷款规模控制，2002—2007年是中国经济高速发展时期，这个时期是银行资产驱动负债发展时期，有的股份制银行通过做大信贷资产规模实现了赶超，如民生银行等。

2013—2016年，是我国经济增长换挡时期，也是利率市场化改革逐步推进并最终完成的时期。这个时期是银行负债驱动资产发展阶段，有的银行通过做大负债，向综合化经营转型，实行了

规模赶超。如兴业银行规模超过招商银行。

上面对比20世纪80年代美国储贷危机、2008年美国次贷危机以及国内银行当前面临的潜在系统性风险。银行危机一旦爆发，从最终胜出的银行案例来看，仍然是资产决定负债，而不是负债驱动资产。后一种模式的资产泡沫一旦破灭，银行损失将是巨大的。如2008年美国次贷危机后，富国银行与花旗银行的对比就是如此。

从整个银行业而言，银行资产就是对实体经济的融资服务，因此，资产决定负债的实质是经济决定金融，是银行业脱虚向实。这也是富国银行一直坚持的理念——“在实体经济中服务客户”。

（二）资产负债风险管理的常规计量方法在危机时的局限性十分突出

资产负债风险计量方法主要包括利率敏感性计量（如DV01、CV01）、久期、缺口管理等，这些计量模型都是在利率风险分布一定前提下的风险计量，如果出现类似2016年第4季度那样的由于债券信用风险导致的债券利率和同业存单利率大幅上升的情形，那么这些利率风险计量模型都会失效，这类大面积的违约风险已经超出CV01计量模型的适用范围。对于采用VAR模型的，由于VAR模型不能捕捉到“尾部风险”，导致该类模型对危机时的信用风险、操作风险的计量无能为力。即使通过压力测试方法识别了类似当前商业银行的存单利率风险及其引起的流动性风险，但由于在危机出现时，中小银行的同业存单可能发行失败，即调整资产负债结构在危机期间是不具有操作性的风险对策，银行很有可能因流动性枯竭而倒闭。

风险计量的前提是，风险损失分布模型是确定的。损失分布模型的变化具有不确定性，不确定性是不可计量的。对于债券利率风险而言，债券违约分布模型的变化属于计量利率风险时的不确定性；银行业偏离服务实体经济的宗旨、行业乱象丛生、银行经营模式的重大转变，对于金融市场而言都是巨大的不确定性。这些不确定性虽然不可计量，但是可以管理。

（三）信用风险市场交易的前提是有效的内部控制

信用风险的特性，一是内生风险高、剩余风险低。在商业银行良好的内部控制环境下，内生风险被压缩后的剩余风险可以很低。如富国银行2008年不良贷款率仅0.41%。尽职调查、授信审批和贷后管理是信贷风险控制的关键环节。如果商业银行没有履行尽职责任和风险责任，银行销售信用风险后再经过多层次的市场交易，如通过资产证券化、CDO、CDS或国内银行采取的多层嵌套、抽屉协议等手段扩散信用风险，那么信用风险的剩余风险可能不是被压缩，而是层层被放大，直至投资者承担全部信用风险的内生风险。二是信用风险具有违约频率高、单笔违约损失金额低的特点。具备这类特征的信用风险不适合通过外部商业保险的方式进行风险缓释，如通过CDS等产品形式进行交易，在美国2000多家保险公司中，多数都不提供CDS产品。国内保险公司早些年向银行提供的车贷保险业务输个精光也是这个道理。因此，在监管环境和银行内控环境不健全的情况下，市场利率难以反映信用风险利差，类似信用债之类产品的市场风险管理难度就很大。

（四）在信用风险与利率风险及当期收益发生冲突时如何取舍

在1929年金融危机前，商业银行一般仅办理短期贷款。20世纪30年代大萧条时期，企业投资需要长期资金，花旗银行率先开办长期贷款业务。这样做，银行需要承担利率风险，但获得了信用风险较低的资产。当时花旗银行主席帕金斯认为，利率固然重要，但短期收益问题不是银行最关心的问题。他认为，只要保持住银行的能力和实力，银行就能够在时间改变、环境改善之后赚到大量的利润。遗憾的是，花旗银行这一理念后来没有得到一贯的执行。在次贷危机中，富国银行坚持了这一理念。2007年金融危机爆发前，美联储持续降息，即使在住房抵押贷款飞速发展的2003—2006年，富国银行的抵押贷款余额也没有呈现快速增长的趋势，相反，在2005—2006年，其按揭贷款余额还分别减少了100多亿、200多亿美元。因为富国银行不向低信用评分的客户发放按揭贷款，也不发放负摊销按揭贷款。富国银行不参与CDO产品交易。2006年，富国银行很有先见之明地卖掉了大量抵押贷款，虽然当年损失掉了1000多亿美元抵押贷款市场份额，但当金融危机到来时，毫发无损。除招商银行外，国内股份制银行前些年对低利率的住房按揭贷款不感兴趣，发放了大量利率高的小企业贷款和个人经营贷款，直到2014年银行业信用风险大幅上升，2015—

2016年股份制银行才开始大量发放个人按揭贷款。过去银行业危机的经验教训是，由于未来存在不确定性，银行应该把长期利益最大化作为目标，短期内当信用风险与市场风险发生冲突时，应该坚持信用风险优先的原则。

（五）资产负债风险治理架构如何兼顾信用风险和市场风险管理

当前，在国内银行风险治理架构中，在高管层面一般是将资产负债管理委员会与风险管理委员会并列设置，资产负债委员会负责银行账户利率风险、流动性风险和定价管理，风险管理委员会负责信用风险、市场风险和操作风险。在部门层面一般分设资产负债管理部与风险管理部，后者不负责资产负债风险。这样的架构设计，不利于信用风险与资产负债风险的集中统一管理。一方面，银行承销企业债时，金融市场部门往往以本行不需要承担债券风险为由，放松审核标准、放大承销金额，信用风险管理部门对此也提不出太多的反对意见。另一方面，当金融市场部门或资产管理部门购买他行承销的企业债或以同业投资、同业理财的方式对其进行投资甚至业务部门私下与交易对手签订抽屉协议方式进行投资时，金融市场条线和资产负债管理部门是了解这些情况的，但资产负债部门不了解的是，这些以企业债为底层资产的各类嵌套资产背后的信用风险；而信用风险部门了解企业债发行时的真实风险状况，但不了解后续层层包装交易环节的产品设计。结果是，资产负债管理部门和风险管理部门各自独立分管了狭义的资产负债风险和信用风险，但在信用风险导致的资产负债风险恶化前，全行没有一个部门能够提前识别基于信用风险的资产负债风险。在以上所述的架构下，在风险定价职能方面也存在类似问题。如资产负债部门和财务部门负责定价管理并对当期收益负责，因为发放小企业贷款和个人经营贷款，对完成当期营业收入贡献大。这样的业务计划容易获得财务或资产负债部门的支持，即使风险管理部门提出反对意见也是如此。风险部门的意见是关于未来可能发生也可能不发生的风险事件，如果银行没有统筹管理信用风险与资产负债风险管理的部门设置，当信用风险与当前收益发生冲突时，优先考虑信用风险的理念就可能因为缺乏机制支持而不能得到贯彻落实。

综上可知，在利率市场化和金融深化的环境下，在商业银行业务转型的背景下，商业银行资产负债风险管理需要牢固树立资产决定负债，不确定性优先于风险，信用风险优先于利率风险等资产负债风险管理新理念，建立信用风险与资产负债风险统筹管理的架构和机制。

（2017年6月15日）

终点又回到起点

本月初，权威人士在《人民日报》头版发表文章，综合判断中国经济走势是L型，一两年之内走不出底部。几天前，农业银行首席经济学家透露，农业银行实际不良贷款率远远超出对外披露的2%，似乎是对权威人士观点的回应。这类爆料对银行从业人员而言不会感到意外，因为许多公开信息也预示着银行业不良贷款在亮红灯。如中国银行2015年年报披露的拨备覆盖率跌破150%的监管红线就是一例。在四大国有银行中，工商银行、建设银行虽然近年来不良贷款也在上升，但在这轮经济深度调整中的总体表现相对较好。股份制银行之间资产质量表现也参差不齐，但总体不良率和资产质量下迁的速度高于国有银行。考虑到不良贷款率指标与真实风险可能存在的偏差，逾期欠息贷款率反映的贷款质量可能更真实一些。2015年底，有些银行披露的逾期欠息贷款已经超过5%，如果考虑到借新还旧、利息重组等手段延缓的逾期欠息贷款，真实的逾期欠息贷款率将会更高。十二年前，因为资产质量恶化而被美国新桥集团接管重组的原深圳发展银行，当时公布的不良贷款率也仅10%左右。这是否意味着新一轮银行重组又将来临了？

关于本轮银行资产质量下滑的原因，既有外部经济周期性原因，也有银行内部结构性问题。主要原因到底是周期性的，还是结构性的，各家银行病原可能不一样。如果某银行不良贷款率与同类银行平均不良贷款率大致相同，这家银行资产质量问题可能是周期性的，或者说，属于伤风感冒一类由外因引起的病症，只要体质好就能扛过去；如果某家银行不良贷款率高企且大幅偏离同类银行平均水平，这家银行问题的性质可能就是结构性问题，或者说，属于五脏六腑一类的内因导致的，非动手术或辨证施治强身健体不可。为了重获新生，后一类银行可能需要再次走上重组之路。

这一次谁来接盘呢？2005—2010年，建行、中行、工行、农行等四大国有银行先后实现A股、H股两地上市。上市前，四大国有银行不良率高达30%以上，被外界认为已经技术破产，为了达到通过上市完善公司治理结构的目标，四大国有银行都引入了国际先进银行入股。2004年，美国新桥集团作为第一大股东入股深圳发展银行，该行成为第一家被外资控制的股份制银行。截至2010年，国有银行和股份制银行都引入了国际大银行作为战略投资者。国外银行纷纷入股国内银行的这一时期，也是国内经济发展最快、银行新增不良贷款率最低的经济上升周期。国内银行引入战略投资者的初衷是完善银行治理结构，如新桥集团入股深发展后在国内银行业率先实行信贷、财务、稽核三个条线的垂直管理，成为当时国内银行业改革和监管改革的重要标杆。引入战略投资者后，国内经济进入上升周期，在经济增长大势的推动下，国内银行普遍走出了资产质量的困境，银行治理结构改革的紧迫性下降。特别是，2008年国际金融危机后，美国、欧洲老牌商业银行遇到了前所未有的危机，或破产，或重组，一时“风景这边独好”，过去代表银行管理最佳实践的“老师”也出问题了，国内银行业似乎迷失了方向，银行治理结构改革和银行监管改革的进程放缓了。2008年至今，除交通银行外，其他国有银行和股份制银行的外资银行股东实质上均已撤离，然而，国内银行治理结构改革还是一盘没有下完的棋。“逝者如斯夫”。在欧美国家彻底摆脱金融危机的冲击、恢复正常经济增长之前，对于刚刚撤出国内银行股权的欧美银行，再次入股重组那些将在本轮危机中陷入资产质量困境的银行的机遇已经远去了。但拥有上百年历史的欧美商业银行仍有许多管理经验值得国内银行虚心学习。如华为公司、平安集团学习西方管理经验持续十多年，至今仍在学习借鉴。

其实，早在四大国有银行引入战略投资者之前，我在北京曾经参加过一次“国有银行上市与公司治理改革”之类的研讨会，会上北大张维迎教授对国有银行引入战略投资者仅考虑国外银行、排斥国内民营资本提出了异议。事后回顾，从当初引入的国际银行股东如今几乎悉数撤出这一事实来看，不得不承认当年张教授的观点是有远见的。近年来，民营资本发起成立银行的制度障碍已经拆除，有理由相信，下一轮国内银行重组模式不同于上一次。民营资本入股被重组的银行，同时从海内外聘请具有国际银行管理经验的高级管理层，不失为一种选择。这种重组模式目前有成功案例吗？平安集团接盘原深圳发展银行算是一个吧。

（2016年5月23日）

银行重组的次序：大场与急所

我在原深圳发展银行工作时，一位具有多家国际银行工作经验的同事，针对当时新桥控股深发展后的信贷垂直管理改革遇到的阻力，直白地对我说，如果是花旗银行牵头并购重组，会派出全班人马进场，控制中后台高管职位及相关关键岗位，按既定目标，强势推进重组。多年后，我有幸在花旗银行掌控管理权的广发银行工作，可以近距离地观察比较新桥与花旗不同的重组风格及成败得失。

TPG（德太投资）及其下属的新桥投资，是私募界的大鳄，与黑石、凯雷齐名，但十分低调，在业内被称为“并购艺术家”。其成功的并购案例有韩一银行、深圳发展银行等，但也有2008年金融危机后并购华盛顿互惠银行的走麦城，输得血本无归（幸好后来出售深发展股权套现救急，这是后话）。TPG的一大优势是善于把握行业周期，在银行业低潮时启动收购。并购华盛顿互惠银行的失败，恰恰败在“大场”布局阶段，因为华盛顿互惠银行陷入困境还只是2008年金融危机的序曲，后面破产倒闭的银行，规模一个比一个大，如雷曼兄弟、美联银行等。2004年新桥控股深发展与2006年花旗掌控广发，虽然当时被重组的这两家银行还没有从1997年亚洲金融危机的阴影中走出来、深受不良贷款和资本充足率不达标的困扰，但当时中国经济却正处于高速发展时期，这两家美资金融机构此时进入中国银行业并购市场，时机恰到好处，可谓是在布局阶段均抢到了一处“大场”。如今两家外资股东分别退出了深发和广发，昔日重组的硝烟渐渐散去。然而，往事并不如烟。我们发现，两家被重组银行的重组进程和重组效果存在较大差异，其中有何经验和教训值得汲取呢?

2004年，是新桥控股深发展的第一年，由于新桥团队进驻后，采取信贷、财务、稽核三个关键中后台职能条线的垂直、集中控制，一定程度上导致业务滑坡。2004年末，深发展各项贷款比年初下降5.9%，低于股份制银行贷款平均增速。2005—2007年，重组的效果逐步显现，深发展各项贷款余额分别比上年增长23.8%、16.9%、23%，分别高于全国银行业贷款平均增速6.5个、0.9个、7个百分点，且不良贷款率逐年下降。经营数据表明，深圳发展银行重组后中后台以集中控制为重点的改革，在资产质量控制方面已经取得成效，同时市场竞争力得到增强。

2006年，是花旗掌控广发行的元年，花旗派出了包括行长、首席财务官、首席风险官、公司条线和零售条线两位副行长等横跨前、中、后台的一班高管团队，正式接管广发。当年，广发银行各项贷款余额比年初增加31%，高于行业平均增速15个百分点。然而，由于公司治理方面的原因，花旗团队在广发银行实行的中后台垂直、集中管理进展并不顺利，导致其在随后几年里业务发展时起时伏，给后续发展留下隐患。对比深圳发展银行，在花旗进驻后的2007—2009年的三年内，广发银行各项贷款逐年增长率分别为：2007年增长14.5%，低于行业平均增速1.5个百分点；2008年增长25.8%，高于行业平均增速13个百分点；2009年增长22%，低于行业平均增速14个百分点。可见，花旗掌控广发银行的前四年，贷款业务呈现大起大落的特征。对于信贷业务而言，大起大落、波动幅度本身就是风险。

为何同处广东的这两家银行重组进程呈现出这么大的反差呢？用围棋术语比喻，原因在于两家银行对“大场”与“急所”的处理手法不同。深发展重组后，先抓“急所”——信贷、财务、稽核等中后台的垂直集中控制；广发银行重组后，先抓“大场”——业务发展，而其“急所”——信贷、财务、稽核等中后台垂直集中控制改革没有一步到位。掌控广发的花旗高管团队没有意识到“急所”是比“大场”更大的“大场”。因为如果中后台的控制不到位，就难以控制新发放贷款的不良率，新的不良贷款就会源源不断地冒出来，新增贷款质量不能明显超过存量贷款质量，资产质量优化的转折点就不会出现，资产质量脱困就会遥遥无期。因此，中后台的集中垂直控制是银行重组的“急所”，务必首先落子。业务增长、业务战略确实是银行重组需要抢占的一个又一个“大场”，但如不首先解决中后台集中垂直控制，业务增长在很大程度上就是无效增长，早先抢占的“大场”捞不着实地，会成为四面受困的一处处孤棋，最终业务发展战略这条

"大龙"也难以杀出重围。

对于新的重组方投资者而言，银行重组首先要把握好经济周期，在经济周期触底回升阶段启动重组是最佳时点。一旦启动重组，必须重点确保中后台集中垂直管理改革先行，宁可在重组初期放慢业务增长，也不可延误中后台集中垂直控制改革进程。否则，将前功尽弃。"大场"与"急所"，死生之地，存亡之道，银行重组不可不察也！

（2016年6月15日）

第三章

风险技能

敬畏、责任与意识

敬畏是指对不利后果的担心，如不顾后果之人，也不会有敬畏之心。不利后果，又称风险，敬畏应属于风险管理范畴，但在风险管理领域讨论风险责任、风险意识的多，讨论敬畏之心的鲜有所见。

一个刚进入银行工作的信贷人员，没有三五年的工作历练，识别一笔信贷业务的风险是有难度的，倘若他对银行信贷规章制度，如对银行门前的那对狮子一样有敬畏之心，照章办理业务，切实履行职责，也可有效控制风险，他的风险意识也能得到提升。反之，一个经验丰富的信贷人员，即使风险意识很好，能充分识别一笔信贷业务的主要风险点，如果对风险没有敬畏之心，那么在客户的利诱下，或在上司的干预下，常常会背弃道德责任办理明知收不回来的信贷业务。因此，敬畏之心才是责任感、风险意识的主子，这与中医理论也是一致的。传统中医学认为，心是神明之府，脾肾是志意之府，而肝肺是魂魄之府，三者的关系是，神明控制魂魄，魂魄控制意志。可见，一旦敬畏之心松懈了，风险意识就会淡薄。

敬畏之心，既指对客观信贷风险的敬畏，也指对人事、对道德的敬畏。哲学家康德说的对天上星辰和心中道德律令的敬畏也是这两方面含义。虽然中国人大多不信教，但只要后果有不确定性，就要有敬畏之心。在现代社会，敬畏已经不是“天地君亲师”意义上的敬畏，而是对不确定性的敬畏。

（2015年4月26日）

风险专家：金钱与激情

如果说银行是离钱最近的职业，那么交易员是离钱最近的人。对于交易员而言，对工作的激情，也就是对金钱的激情，交易员的情绪会随着下一刻交易曲线跳动而波动。当然，交易员也是最富有的人。钱都是交易员赚的，风险专家有何用？风险专家大多是中后台默默无闻之辈，不妨先看看经济学家有何用？

整个20世纪，经济学家基本没有预测到任何一次金融危机，包括1929年和1987年金融危机。但最近，布鲁金斯学会的罗伯特·利坦出了一本新书《万亿美元经济学家》，说的是，经济学家群体为社会创造了数万亿美元的收入和财富，平均每个经济学家创造了1亿美元。既然经济学家这么聪明，为何经济学家不是最富有的人？正如医生不能保证自己不生病，也不能预测下一次疾病，但医生对社会的贡献是不可或缺的。经济学家也是如此，他们贡献的是公共思想，不能独占。在中国文化里，“经济”一词原意就是“经邦济世”。中国士大夫历来就有“不为良相，便为良医”的理想和情怀。

再说风险专家。风险专家也难以预测哪一笔交易会发生损失、或哪一笔贷款会成为不良。但风险专家从已经发生的风险案例中，可以总结类似案例的风险点是什么、控制措施是什么，从而可以避免具有相同风险特征的下一个组合出现大的风险。因此，业务规模越大、风险越密集的行业，风险专家的作用日益重要。银行是顺周期行业，当经济进入下行周期时，银行风险常常集中爆发，当金融危机到来时，许多金融机构倒闭，甚至不少具有悠久历史的大型金融机构也会破产倒闭。一家金融机构的风险管理的作用，在金融危机时期得到充分体现。从这个意义上，可以说风险专家的激情是与天为敌、险中求胜。

通用资本（GE Capital）原首席风险官，也是全球第一位首席风险官（CRO）詹姆斯·林（James Lam）先生，在20世纪90年代中期曾经做过这样的预测，随着全面风险管理潮流的兴起，在风险密集行业中风险管理角色的重要性将越来越高，风险管理人员的薪酬也将大幅上升。二十年过去了，国内外金融机构首席风险官职位已经逐渐普及，有的能源公司、IT公司也逐渐设立风险管理部门和首席风险官职位。现在首席风险官职位已经是银行普遍通行的职位。国内外许多大学已经普遍新设立了风险管理专业课程，国外有的大学将传统的风险精算课程统一归并到了风险管理课程之下。国有商业银行上市以来，国内风险管理人员的地位和薪酬有了很大的提升。展望未来，在利率市场化和银行综合化经营环境下，有理由相信风险管理专业人员的地位和待遇将继续得到提升。

（2015年2月8日）

首席风险官的挑战

首席风险官职位具有很大的挑战性，被称为“烫屁股”的职位（hot seat）。一是这个职位的能力要求非常高；二是风险管理责任重大，事关一个公司的生死存亡，尤其是在经济下行期；三是首席风险官能否保一方平安，与首席风险官履行职能是否拥有充分独立性和董事会的有力支持密切相关。

通用资本（GE Capital）原首席风险官，也是全球第一位首席风险官（CRO）詹姆斯·林（James Lam）先生撰写的《企业全面风险管理——激励与控制》一书中指出，理想的首席风险官需要具有全面精深的专业知识和实操能力。第一，领导能力。善于招聘和挽留有才能的风险管理专业人员以及具有建立全面风险管理框架的（ERM）总体视野；第二，具有像传道牧师一样的热情，能把怀疑者转变为信仰者，克服各层级单位对风险管理工作的阻力；第三，管家的技巧，能够保护公司金融资产和声誉；第四，管理信用风险、市场风险和操作风险的技术能力；第五，协商的能力。能开导董事会和高管层以及帮助各级经理在他们的业务中实施风险管理。在现实中很少有一个人拥有所有这些能力，这是首席风险管理需要应对的第一个挑战。如国内银行的首席风险官很多是从信贷审批管理岗位直接提升到首席风险官职位，这些人对信用风险管理比较熟悉，但对市场风险、操作风险管理一般不太熟悉，他们弥补这项不足的方式是通过专业搭配，形成好的风险管理团队，风险管理团队的整体能力构成首席风险官的能力，这样的首席风险官可以称为“超人”；国内有的银行从国际上聘请的首席风险官，专业经验和技术能力一般比较强，但沟通协商能力较弱，这些职业经理人对风险管理也缺乏牧师传道一般的热情，这样的首席风险官的管理绩效一般乏善可陈。

第二项挑战是为公司保一方平安的能力。首席风险官无论能力有多么强，如果不能为本公司的资产保一方平安，避免重大风险，不管公司风险的直接责任人是否是首席风险官本人，也不管首席风险官本人有多少委屈，在以成败论英雄的现实面前，首席风险官的最终结局都将是无可奈何走麦城。对于处于风险密集行业的公司，每个时期公司面临的重大风险直接影响到该公司的成败。凡是失败或者失意的首席风险官，大多是由于其所在公司面临的重大风险没有被及时识别或得到有效控制。比如，对于新成立的银行，公司重大风险是在把握公司战略定位与业务发展节奏、识别新客户、新团队、新流程等方面的风险，虽然这些风险不完全都在首席风险官的职能控制范围内，但这类风险中的某一个方面如果发生重大风险，就可能影响到首席风险官的去留问题；又如，对于已经处于困境之中的银行，公司走出其所面临的主要风险困境的路径，不是对存量风险资产的化解，而是新增贷款的质量控制，只要新增贷款质量控制住了，一般2～3年时间银行就可以走出困境，如果首席风险官不能提出结构调整思路或者不能调动管理资源控制新增贷款的风险，最后承担责任的大多是首席风险官；第三类，如近年来各行产生了大量的小微企业贷款风险、个人经营贷款风险、信用债风险，当这些高风险领域的风险成片发生时，也就是首席风险另谋职位之时。判断首席风险官能力的标准只有成败。因此，真正能力强的首席风险官是能带领风险团队打胜仗的首席风险官。成功了，风险条线的人员都是英雄；失败了，风险条线没有谁的能力可以获得信任。首席风险官带队伍、打胜仗，不仅是要把风险控制好，而且还要有把业务做起来，业务做起来了，队伍自然就成长了。比如1980年美国房地产和储贷危机时期，美国银行曾经濒临破产，接管美国银行的高管团队全部来自富国银行，包括CEO、CFO、CRO等（原深圳发展银行的纽曼先生就是在这个时期从富国银行到美国银行接任首席财务官的）；2008年国际金融危机，收购美联银行的也是富国银行。

第三项挑战是首席风险官履职的独立性和董事会的支持。这属于公司内部控制层面的挑战。如果内部控制环境存在严重缺陷，首席风险官即使武功盖世，也是独木难支的，一旦出现重大风险，难免墙倒众人推。由于国内银行公司治理和内部控制还不完善，这项挑战可以说是国内银行首席风险官面临的最大挑战。在国内银行首席风险官中，已成功应对这项挑战的案例还是有的。如新桥入股原深圳发展银行时期，其首席风险官就具有充分的独立性，首席执行官对首席风险官的贷款审批、信贷政策从不直接干预，仅是作为高管团队的一员在风险管理方面提供咨询意见；又如，工商银行在姜建清先生掌舵的很长时期，首席风险官具有很强的独立性，即使在2008年4万亿元大投放的背景下，工商银行也没有放松信贷标准。

综上所述，在首席风险官面临的众多挑战中，根本挑战还是首席风险官的独立性和董事会支持，即风险治理。有了好的风险治理结构，就可以招募到优秀的首席风险官；有了优秀的首席风险官，就可以选拔、培养优秀的风险管理团队并督促风险团队独立、有效执行风险管理政策措施，确保一方平安就有了人才和制度保障。因此，首席风险官的挑战也是首席执行官和公司董事会的挑战。这正是银行业监管指引为何要求银行董事会对于一家银行的风险承担第一责任的原因所在。

（2017年7月3日）

中高级风险专员如何避免常识性错误

银行风险管理专业序列一般分为初级、中级、高级三个等级，风险管理人员随着专业能力和经验的积累，逐级晋升。初级风险专员技能要求是，熟悉信贷产品、政策、流程等基础性专业知识；中级风险专员，需要熟悉某一专业领域，例如行业政策、项目贷款、房地产贷款、贸易融资等；高级风险专员，需要熟悉宏观经济形势、银行业动态、最佳实践、新资本协议等行业标准方面的专业内容。

受2008年国际金融危机的冲击，国内银行业面临的主要风险大致有如下七类：一是联保互保、关联企业担保、民营企业担保；二是抵押不足值；三是贸易背景不真实、贷款用途不真实；四是大宗商品贸易融资风险，如钢贸、煤贸、油贸等；五是“两高一剩”风险；六是政府融资平台风险；七是房地产贷款风险。

大多数股份制银行的主要风险就是前面的四大类风险，在这些风险里面，有些风险是信贷人员犯了低级的错误所导致的，可以称作低级的风险。如联保互保、关联企业担保、民营企业担保；抵押不足值；贸易背景不真实、贷款用途不真实。这三大风险都是低级的风险，这些风险识别和控制是初级风险专员就应该掌握的，但实际执行中银行许多这样的风险没有控制住。第一，联保贷款，一个企业来银行贷款，申请贷1000万元，本来不符合条件的，他再找一个也不符合条件的，两个企业一互保，就可以各贷1000万元，共2000万元贷款出去了。这就是低级的错误。第二，抵押不足值贷款，假设某个很偏僻的县，房子价格不到4000元一平方米，用土地抵押申请贷款，土地每平方米评估价却超过4000元，拿一块地就贷到几亿元。依据常识就能判断这笔贷款的抵押物是否足值。第三，贷款用途不真实、贸易背景不真实的风险。比如一个很好的企业，他不需要钱，他贷款挪到其他地方去了；一个贸易型企业，贷款金额比他销售收入还大，这个钱用来干什么？做房地产去了。所以这些都是低级错误。

也有一些贷款需要稍微多一点专业经验，或者称中级的风险吧。像大宗贸易，钢贸、煤贸、油贸等融资风险。如钢贸融资，银行开票吸收保证金存款，以为有存款就有贷款，负债驱动资产。这就是一个中级的错误。到底是先有贷款后有存款，还是先有存款后有贷款？在“存款立行”的经营观念下，一般认为，先有存款再有贷款。从银行经营实践看，比如有的分行一年的信贷损失就可以把前十年的利润都吃掉了。存款与贷款哪个应该优先考虑呢？如果把资产质量控制好，即使存款紧张，银行可以做理财吸收资金，还可以把资产转让出去，还有的赚，或者赚的利润少一点，所以对银行来说，始终是资产方决定负债方，而不是负债方决定资产方。这是一个中级的风险概念。再比如“两高一剩”行业授信风险。“两高一剩”行业授信，不是说银行一概不可以做，是不可做低端的客户。因为许多行业产能过剩问题比较严重，在“去产能、去杠杆”的政策环境下，低端、环保不达标的企业被淘汰的可能性相对较高，授信风险较大。另一方面，“两高一剩”大多是国民经济支柱产业，不能说国民经济支柱产业银行都不能做，只是在产能过剩的情况下银行要做其中中高端的客户。银行在传统行业真正出现行业性判断错误的并不多。但是，在诸如光伏、风电等战略新兴行业领域，许多银行授信损失反而比较严重。在光伏等新兴行业信贷投向上，银行犯了中级错误，因为光伏等新兴行业是不符合大多数银行行业信贷政策的。除政策性银行外，一般商业银行的行业信贷政策仅限于投向产品成熟、技术成熟的行业。2008年国际金融危机前后，光伏产品、技术、经营模式都未成熟，所以，有的银行在光伏等新兴行业出现整个行业大溃败，没有一户好的授信客户。现在来看，政府平台融资、房地产贷款，由于监管政策比较严格，各行风险控制总体情况是好的，没有出现整个行业性的风险。

高级的风险是什么呢？经济周期风险，风险管理理念、工具和系统落后于行业最佳实践等，都属于高级风险。此外，缺乏稳健的信贷文化也是高层面的风险。银行提倡的信贷文化，表述各不相同，大致要素有这些：专业、诚信、合规、尽职等方面。专业是打头阵的，就像中药方一样，如果药方是黄芪在首位，那黄芪就是药引，就是一位君药，是最主要的。银行信贷文化是专业打头的，是说银行要靠专业人员来管理。比如说有些信贷部门负责人，搞不清楚动产是在房管局抵押的还是在工商局抵押的，那你说他专业吗？有些做保理业务审查的时候，客户应收账款比贷款金额还要小，那你跟他做保理，这是专业吗？有的银行把从来没有做过审批工作的人员，直接从支行行长调到审批部门做终审，这些人员可能信贷政策标准都不清楚，那你说他专业吗？所以我们所说的专业的含义是广泛的，不仅是专业的人员，首先是专业的岗位，岗位分工首先要明确。比如银行出账岗位，一般要求信贷人员要参与办理押品登记工作，有的银行出现的案子可能就是这个环节没有执行到位，结果头一天出账，第二天发现是二押，可能几个亿的贷款就出去了。所以首先是要设置专业岗位，然后要把经过专业培训的人员放到专业的岗位上来，整个风险队伍要有专业的序列。如果各个条线都是这样实行专业化的管理，管理者也是从专业岗位提拔起来的，那么走上领导岗位的管理者就知道下面哪个人专业，哪个人不专业，他就知道怎样用好这些专业人员。有了运转正常的专业序列，专业经验就慢慢积累起来了。反之，如果随便谁都可以管信贷业务，那么这家银行仅做国债还差不多，要做企业贷款就不行。所以我们的信贷文化核心价值是专业，专业是药引，没有专业什么都没有。专业是基础，比专业更高的是诚信。因为如果员工专业水平很高，但把自己个人利益置于银行利益之上，那专业水平越高，职位越高，员工潜在风险也越高。比如，有的银行业绩考核短期导向，依靠少数业务能力强的员工推动业务快速发展，在业绩考核上少数明星客户经理、明星支行行长把大部分奖金都拿走了。由于风险暴露具有滞后性，当风险暴露时才发现，大量的不良贷款也是这些明星信贷人员当初弄虚作假制造的，给银行留下沉重的不良贷款包袱。诚信高于专业，这是对人的要求。

对银行来说，没有铁规章就难做好银行。强调专业、诚信，不是说只要信贷人员出于公心，他想怎么做就怎么做。因为银行都有它善于做的业务，各家银行的不良贷款的教训，都能告诉我们银行只能做什么，不能做什么。上面提到的光伏等新兴行业，哪个银行进去，哪个银行就可能出不良。因此，合规是底线，不合规再多专业人员都是松散的，在风险冲击面前都会大溃败。银行信贷人员要体现自己的专业价值，就一定要合规，只有合规才能保护银行资产和资本，也保护员工自己。

比合规更高的要求是尽职。业务常常走到在制度前面，除了合规以外还要尽职，合规先于尽职，尽职高于合规。银行员工养成了“专业、诚信、合规、尽职”的信贷习惯，就不会出现高级风险。富国银行提倡的信贷理念是，把所有的信贷制度抛开以后，还能做业务。这是银行家们向往的最高的信贷理念，它的核心就是专业、诚信、合规、尽职的信贷文化。

（2004年11月8日）

信贷政策：拐杖与戒尺

信贷专业能力培养需要较长的时间。大学生毕业就到银行从事信贷工作，在信贷老同事的指导下，入门一般需要3～5年时间。因为银行信贷知识大多来自风险案例，最前沿、最实用的信贷指南永远在信贷人员的案头上，不在大学课本里。随时查阅信贷政策，熟悉一家银行的信贷政策，才能了解这家银行的信贷投向和信贷标准。可以说，信贷政策是信贷入门的拐杖。随着信贷经验积累，信贷人员对信贷政策慢慢烂熟于心，在工作中亦步亦趋、扶杖而行的阶段就走过去了。在完善的内控环境下，此时的初级信贷人员已逐步将信贷政策内化于心、外化于行，信贷政策成为他们心中的戒尺，信贷政策上升为信贷智慧和信贷理念。信贷政策（包括信贷流程）是银行信贷风险控制的主要手段，每一个信贷人员都需要熟悉信贷政策的前因后果，并严格执行信贷政策，这也是自己工作进步的保障。

信贷政策一般由总行制定。信贷政策相当于画了一个圈，政策范围内可以做；超出政策范围的，则是风险没有识别或风险控制不了，就不能做；例外事项则需要走例外流程。因为总行见到的风险案例较多，分行严格执行总行的信贷政策，可以大幅度降低信贷风险。有时候，直到出现了违规风险案例，有些信贷人员可能说，我是刚上任的，当时批的时候不知道有这个政策；或者总行对分行进行信贷检查时，发现分行没有执行或者规避总行的信贷政策，分行说不知道有这个政策。这样的理由是不能被接受的。只要发了信贷文件，信贷人员办理业务时与制度明显违背的，就是主观故意违规，将会被追责。

有些政策，之所以是这样规定，不是那样规定，是因为银行业监管规定限定了商业银行的业务范围。比如说光伏这样的行业，当其产品、技术和营业模式都不成熟时，过早介入风险就很大,那么这类客户就不适合商业银行去做，其他金融机构可能可以做，比如说私募、风险投资等。它们为什么可以做呢？它们投资100个企业，其中只要2～3个企业成功就够了，因为它们可以拿到股权。但是对于银行，100个授信企业中失败的只能有2～3个，其他授信企业都必须成功，这样才能有利润。所以银行定位于产品成熟、技术成熟的行业和客户，因为银行利差很薄，如果不允许银行对实业进行股权投资，银行就会比风险投资等机构的风险偏好低。

还有些政策针对的是整个银行业都很难控制的风险，例如小企业风险。小企业风险全球都是最难控制的，所以对小企业风险，银行要特别注意。如前些年出现联保互保、市场贷、还有民营企业担保风险等。如果民营企业担保通过纯商业模式能解决小企业风险，那就不需要国有政策性担保机构对小企业进行担保了，多找几个民营企业担保就能解决小企业融资难问题了。对于这些高风险领域业务，银行在缺乏充分信息、没有成熟信贷模式之前是不能做的。如果违背银行客观规律，就会导致重大损失。2008年国际金融危机以后，国内许多银行推小企业信贷业务，纷纷成立小企业部、小企业中心等，从实际效果看，大多数银行的小企业风险都没有得到很好控制。由于小企业的平均生存期仅有3～5年，到2014年左右，银行小企业信贷风险开始大量暴露，许多大中型银行不得不对小企业业务进行收缩，有的规定小企业业务规模不得再增，要做的话都需要足值抵押。

还有一类政策规定，跟外面客观风险无关，但跟利益冲突和道德风险有关。一笔授信业务，客户经理觉得好，是不是就能做呢？不行，审查人员还要进行独立专业判断。如果审查人员觉得能做是不是就可以做呢，还要看是否符合政策要求、是否合规。政策和合规要求可防止利益冲突（或者是道德风险）。

每一个典型风险案例出来后，银行信贷管理部门有必要对信贷政策进行回顾，必要时及时调整政策。一个常见的问题是，信贷管理部门不批贷款，信贷管理部门的风险信息从哪里来。因为风险暴露具有滞后性，审批部门虽然接触了很多贷款案例，但他们接触的贷款案例以成功的居多。信贷管理部门接触的主要是风险信息，如信贷管理部门每个月接触大量的贷款分类信息，贷款分类下迁为不良的都是失败的贷款，从这些失败案例中可以看出问题出在哪里。失败的案例是风险管理最有价值的风险信息。比如开发模型，如果没有失败案例，开发的模型是通不过的。政策也一样，如果没有失败的案例，政策也通不过，因为不能根据凭空想象的风险制定风险政策。银行根据风险案例及时调整信贷政策，是银行积累竞争优势的重要举措。

对于从贷款分类、重大风险预警以及对分行的现场检查发现的问题，信贷管理部门要从中分析哪些属于外部问题，哪些属于内部政策执行问题，然后再及时调整政策。风险管理是事后诸葛亮，遵循的是最佳实践。出现了某个典型风险案例，就可能需要对某一个信贷组合进行风险排查，看是否还有同样或类似的风险，如果有的话，就要迅速采取措施控制风险扩大。如果能够及时通过一笔贷款识别的风险来控制一个组合的风险，那么信贷管理部门就从事后诸葛亮变成事前诸葛亮了。正如毛泽东对薄一波谈《毛泽东选集》时说的："这是血的著作"，银行每年出台的信贷政策也是沉甸甸失败的教训。

重视信贷政策是优秀信贷人员的基本素质之一。重视政策是因为对风险要有敬畏之心，对风险没有敬畏之心的，不可能把心沉下来做好工作。由于竞争压力，信贷人员工作中免不了被领导批评，被客户经理刁难，这些都是很难受的事，但出了不良贷款更难受。不良贷款出得多，有可能就被末位淘汰了，工作就没了。如果是重大道德风险，还会受处分，受到重大处分的，不光在银行业待不下去了，在整个金融行业也都难以立足。对风险的敬畏之心体现在哪里呢？首先体现在对信贷政策有敬畏之心、对合规有敬畏之心。法律是神圣的，政策、合规虽谈不上神圣，但应该敬畏它们，这实际上是对风险、不确定性的敬畏。风险管理人员都要有这样的心理准备。要敬畏风险，合规、尽职地做好本职工作。银行是个成熟的行业，银行信贷管理也是一个成熟的专业领域，只要“心中有戒”，就能在风险中学会成长。

（2017年6月18日）

认识信贷产品

银行信贷政策分为行业政策、区域政策、客户政策、产品政策等类别，所有这些政策最终都要归集到产品政策上。银行融资业务是为企业提供信贷产品，不是仅仅明确一个行业、一个区域、一个客户就可以提供融资。信贷产品是一个流程，在这流程中规定了客户定位和准入标准、可接受的风险资产标准、贷款用途、贷款定价、调查、审查、出账标准、贷后管理要求等。

这几年房地产市场变化很大，其中一个明显的变化是商铺与住宅的价格关系发生了逆转。如果几年前有人问你，同一地段是商铺的价格贵还是住宅的价格贵？大多数人会认为商铺价格比住宅贵。前几年商铺比住宅贵很多的地段，近年来出现住宅价格高于商铺价格的反转现象。现在，有些城区的同一个地段，可能一楼二楼的商铺卖不出去，但楼上的住宅很好卖。商铺卖不出去怎么办？把商铺隔成住宅再卖，就卖出去了。为什么会这样呢？现在中低端商品的交易场所为节省成本都搬到网上去了，它们就不用再租用商铺。所以经营性物业贷款是高风险业务，这几年大多数银行严格限制经营性物业抵押贷款，基本不让做，有的银行只允许做北上广深等一线城市的经营性物业贷款。经营性物业抵押贷款是房地产贷款种类中一个产品，虽然房地产行业是高风险领域，但房地产开发贷款如果是封闭管理的，中心城市、中心地段的，银行基本没有不良贷款。因此，做好产品定位，把信贷产品设计好同时执行到位，就能把产品风险控制好。

前几年，中小银行针对小微企业和个人客户开发的“××贷”“××通”等信贷产品，2014年以后出的风险比较多。为什么这些产品风险高呢？就要分析“××贷”到底是个什么产品，它的贷款用途是做什么的。房地产开发贷款用于建设住宅，贷款用途很明确。但“××贷”具体用于企业哪笔开支，一般是不知道的。它的贷款用途可以套用一个笼统的概念——企业流动资金需要。“××通”类产品也是这样的，其具体给企业老板做什么用的，一般是不清楚的。

这几年贷款用途不清楚的这一类贷款，中小银行做了不少。贷款用途都不清楚，钱去哪里了银行都不清楚，信贷怎么能管好呢？银行信贷人员不能管理一个不存在、虚构的贷款用途。按揭贷款是干什么的，信贷人员都清楚，按揭贷款就是买这套住房的，像这些贷款用途清楚的，风险就比较低。实际上钢贸贷款用途也是清楚的，但在执行层面企业把钢贸融资挪到房地产项目或其他项目上，贷款用途监控不了，超出了银行的风险控制能力，最后出了很多问题。

以上这一类贷款，其贷款用途笼统地来讲都是流动资金贷款。但是这样的流动资金贷款，由于没有明确具体用途流向，它的还款来源是不清楚的。不像房地产开发贷款是封闭管理的，其还款来源就是住宅销售款。也不像按揭贷款，依赖借款人的流水、工资收入还款。给企业发放流动资金贷款，企业把钱拿去做什么了，用哪一笔钱还款，放款时都是不知道的。银行要知道信贷产品的贷款用途，知道贷款用途是为了退出。如果不知道贷款用途，就控制不了资金流向，等到最后退出的时候就没办法控制，贷款资金就可能有去无回了。

如果从项目贷款、房地产开发贷款、流动资金贷款这几个大类来看，风险最高的是流动资金贷款，其贷款用途银行一般控制不了，哪一笔是还款来源也控制不了。信用证贷款风险比较低，跟单信用证是哪一笔业务可以追踪到，有没有做、有没有出口、货有没有回来，都可以跟单核对。付款的时候有单据，海关、仓储环节都有单据，都可以核实，可以监控资金的流向。但如果是流动资金贷款，钱去哪里就不清楚，所以这一块风险是最高的。

项目贷款用途清楚，还款来源明确。有些银行信用证、按揭贷款做得好，也有的银行供应链融资模式做得好的。如汽车经销商“1+N”供应链融资，由核心汽车厂家担保，资金从经销商账上直接划到上游汽车厂商账上再发货。如果发货后销售不了，上游汽车厂商还可以调剂，也可以退款。这种供应链融资风险比较低，一个重要原因是银行将信贷流程嵌入了真实的商业场景，可控的商业信用环境有利于降低银行信贷风险，这是银行3.0模式。反之，供应链融资如果不是“1+N”模式，仅仅是贸易商之间的往来，缺乏可控的商业信用环境，这种模式风险就很高。代表银行4.0的产业互联网金融则是强调嵌入各产业之间的商业场景，也有利于控制信贷风险。如果明确了贷款用途，控制了还款来源，知道哪一笔资金可用于信贷退出，授信风险就会比较低。

中小银行信贷产品风险的主要源头是流动资金贷款，那么中小银行能不能也都把它调整为能够控制贷款用途、控制还款来源的贷款品种呢？这应该是中小银行信贷产品设计的方向。实际上早些年外资银行进入中国的时候，它们都没有流动资金贷款的，即使现在它们也没有流动资金贷款。工农中建这几家国有银行，最初给国有企业发放流动资金贷款。但流动资金贷款是什么，流动资金贷款就是银行把钱一直给企业用。银行贷款是要还本付息的，流动资金贷款一直要周转，银行将流动资金贷款给企业，实际上到时候是不还的，仅是通过借新还旧、还旧借新续贷。企业一直在经营周转，给企业发放流动资金贷款，就是假设这个企业死不了。企业死不了，流动资金贷款实际上就变成了企业的永续债或是股本，或者换个好听的名称叫“常青藤”贷款。股权投资是高风险的，是跟企业同生死的融资。本来是一笔一年就收回的流动资金贷款，因为产品设计的问题，最后异化成了永续债或是股本。因此，中小银行的流动资金贷款风险特别高。

经过20世纪90年代亚洲金融危机以后，国有银行的产品结构有了很大的改变。在20世纪90年代之前，国有银行流动资金贷款占比在80%以上，而现在国有银行产品结构中，项目贷款（固定资金贷款）占比达到了70%以上，流动资金贷款从80%以上降到了30%以下。但是与国有银行相反，股份制银行的产品结构是倒三七：流动资金贷款占70%，项目贷款占30%。所以每一次危机来的时候，中小银行的不良率是要比国有银行高的。这是因为中小银行的产品结构和产品设计有问题，流动资金贷款占比太高、流动资金产品的用途太笼统了。流动资金贷款结构要拆分为信用证贷款、“1+N”供应链融资、保理等界定明确的各类信贷产品。设计合理、成熟的信贷产品才能够保证信贷资金能够适时退出。

凡是成功的产品，听产品名字就知道产品的贷款用途是什么，大多数产品都是用产品贷款用途来命名。名字很好听、很笼统，但听不出来它的贷款用途，这样的产品可能就要打个问号。对于信贷审批人员而言，每一个授信方案实际上就是一个产品：定义一个流程、用途、退出方式，本身就是一个产品。产品的完善既要靠总行优化产品结构、完善产品制度，分行信贷人员在授信方案设计中也要有产品意识。能够退出才能进入，要用退出的保障来定义进入的条件。要由退出来定义进入，进入了不代表能退出。这就是俗话常说的“未进城门，先想出路”，在进入过程就要把退出控制措施设计好。因此，控制信贷风险，除了加强行业风险、组合风险、客户风险管理外，还要加强产品层面、授信方案层面、授信条件的约束，一定要有信贷退出意识：能够退出才能进入。产品层面的风险控制，需要信贷政策管理部门和信贷审批部门一起来努力，一定要有这样的意识。

完善产品政策要做具体分析，看哪些客户的流动资金贷款能做，哪些不能做。总体要求应该是严格控制流动资金贷款，除非能够把握企业在可预见的将来不会死，这样的企业才能发放流动资金贷款。也就是说，一般的中小企业不适合发放流动资金贷款。要避免信贷产品（融资方案）名义上不是流动资金贷款（如“××贷”），实质上是流动资金贷款，这样的产品也要注意。在现有信贷产品结构中，流动资金贷款占比高的中小银行，有必要逐年压缩流动资金贷款占比。

关于产品层面的风险意识，首先要看信贷产品的贷款用途、还款来源是什么，如果控制不了的话就要警觉。虽然贷款的抵押物很重要，但一定是要有第一还款来源。抵押物再好，如果企业借了很多钱，抵押物被一封、二封、三封地查封，结果很多年贷款才能收回来，最后一折现还是亏的，还有损失。所以一定要设计好产品，重视第一还款来源。当然抵押也很重要，有些银行强调中小企业授信以足值抵押贷款为主，这并不是说不重视企业资质，不重视产品设计，不重视第一还款来源，不是这个意思。而是在产品设计时，如果不能把银行信用风险管理流程很好地嵌入可以控制第一还款来源和现金流的真实商业信用场景，中小企业贷款就还要有抵押。近年来中小银行不良贷款率很高的联保互保信贷产品，本身是过度授信，过度授信就容易出风险。银行信贷人员一定要有产品意识、要有信贷退出意识，要用项目贷款的精细管理思路做流动资金贷款类信贷产品设计，这样才能确保信贷退出。

（2016年6月25日）

在岗学习与脱产培训

1997年亚洲金融危机后，国内不少银行受不良贷款的冲击，走上重组之路。重组成败的因素固然很多，对于银行业这样风险密集、知识密集的行业而言，专业能力的重建，无疑也是影响重组成败的因素之一。近年来，2008年国际金融危机对中国经济的负面影响逐步加深，在去产能、去杠杆的宏观环境下，银行不良贷款又进入“双升”周期，银行风险管理能力再一次面临考验。回顾银行应对上一轮金融危机的成败得失，对走出眼前的困境或许有所启示。

十年前，有这样两家银行S与G，信贷规模和其他初始条件都很相似，都是2005年前后重组的。S银行在重组后实行信贷垂直化专业管理，三年走出困境，尤其是通过信贷垂直管理重建了一支专业化的信贷队伍，不仅为其可持续发展打下人才基础，还为银行同业输出不少专业人才。G银行重组八年来，虽然人员和网点总数成倍增长，但当前最大的增长瓶颈是信贷风险控制能力，尤其是信贷专业人员培养机制存在不足，导致信贷专业人员的成长速度赶不上业务发展步伐。

S银行的做法是，分行风险官由首席风险官负责其任免提名，且须具备多年信贷条线工作经验包括信贷审批经验。如，曾经有一位总行公司部的副总申请做分行风险官没有被录用，因为他此前仅有公司条线经验，没有信贷条线经验，如果转岗，须要先到总行审批部做一年审批，一年后才可以考虑他的申请。最后，跑惯了市场的他耐不了一年审批工作的寂寞，放弃了。

在分行层面，分行风险官下属人员的任免由分行风险官提名，由于分行风险官来自信贷条线，对于关键岗位，他了解岗位专业要求，也会要求下属具有相关的信贷条线经验。分行风险官任期届满后轮岗，只能去另一个分行任职，不许在分行范围内就地轮岗到其他同级别的职位。同理，分行风险官也不得直接由支行行长提拔上来，当然，也不接受从运营条线、稽核条线同级别的申请者。

这样的信贷垂直管理管理体制，可以确保建立信贷条线内由低到高的职务晋升机制，专业能力是晋升的基础条件，因此，其体制和机制为批量培养信贷专业人员提供了制度保障。随着信贷规模增长，其信贷条线人员相应增加，信贷专业能力同步到位。

银行组织架构不同，信贷专业人员培养通道也不同。有的银行如上市前的四大国有银行，支行行长是有信贷业务终审权的，这样的银行从支行行长提拔为分行风险官也是符合专业要求的；又如，有的银行如花旗银行，信贷审批实行公司条线与信贷条线双线审批体制，从公司条线提拔风险官也是可取的；还有银行如美国银行，信贷条线负责审批建议，终审权在业务条线，从公司条线提拔风险官当然可以。

国内许多全国性大型银行已经建立培训学院等培训机构，作为银行专业能力建设的有机组成部分。但银行管理，尤其是银行风险管理是对从业经验要求很高的专业实践活动，平均而言，一年之内脱岗培训时间不到5%，脱岗培训只能是专业能力建设的辅助渠道，难以成为主渠道，专业晋升序列，在岗学习才是银行信贷专业能力建设的根基。风险管理人员常常自比坐堂医生，经验越丰富能力越强。医院是怎么样带团队的呢？医院许多科室就是由一两个专家建立品牌的，这个专家的医术高明，他下面的整个医疗团队人就慢慢带起来了。在银行风险人员培养中，类似医疗专家的这个角色是由总行与分行的首席风险官承担的。

（2015年5月23日）

供求弹性：风险专员的薪酬与绩效

近期，银行陆续公布年报了，高管薪酬也一并晒了出来。2015年，工商银行董事长姜建清的税前年薪是54.6万元，仅是摩根大通首席执行官杰米·戴蒙同期2700万美元年薪的0.3%。中国资产规模第一大也是全球第一大银行与美国第一大银行负责人的薪酬差距如此巨大，让人难以理解。十年前，2005年法兰克·纽曼开始执掌深圳发展银行，当年年薪602万元，全国最高，是当年已经上市的6家股份制银行中薪酬最低的浦发银行董事长的7倍，而当年深发展不良贷款率7.98%，资本充足率仅3.71%。一家资产质量最差的上市银行开出了最高的薪酬，当时银监部门一位领导私下对我说，银行高管高薪的时代已经到来。事后来看，这位领导说对了一半。虽然股份制上市银行高管的薪酬早已突破百万，但国有银行高管的薪酬又跌回了百万以下。国有银行与股份制都是上市银行，但银行股权结构不同，公司治理和薪酬机制也不同。国有银行高管层是由组织部任命的，个人选择的余地不大，这类高管人员在市场有需求，但没有供给，有价无市；股份制银行高管可以从市场招聘，个人选择空间较大，在符合薪酬监管指引的前提下，董事会认为引进的人才值这个价格就行。如从2005年到2009年的5年间，纽曼从深发行获得的年薪共计7221万元。深发展的净利润从2005年的3.52亿元增加到2009年的50.31亿元，增长了14.3倍。新桥投资深发展6年赚了6.36倍。像纽曼这样资深的银行家是十分稀缺的，所以市场价格高。

2004年，新桥入股深发展，深发展成为国内银行第一家对外资开放并由外资第一大股东控制的银行。一家濒临破产的银行，员工还是那些员工，网点还是那些网点，在以纽曼为代表的新桥集团治理下，仅是改组董事会和引入几名高管，五年时间就发生了质的飞跃，原因是多方面的。关键在于新高管层对银行风险本质特征的正确认识，在国内银行业率先进行了信贷、财务、稽核垂直管理，建立了风险治理和内控体系，成为当时国内银行对外资开放改革的样板。其中，以市场化手段挽留、吸引和使用专业人才，尤其是风险专才，也是重要原因之一。虽然金融资本可以撬动并决定一家银行的治理结构，但银行风险管理的最大杠杆还是人力资本。

2004年新桥入股深发展时，该行公布的不良贷款率达10%，实际不良率远高于这个数。员工工资已经多年低于市场平均薪酬，大量骨干被银行同业挖走。纽曼主政后，首先以市场平均薪酬为目标给关键风险管理岗位人员加薪，在随后出台薪酬改革方案中，风险管理专业序列的基本薪酬标准在各个专业序列中是最高的。对于提出离职的风险专员，以按照市场薪酬水平加薪的方式积极挽留。这样不仅做到了关键风险管理人员基本没有流失，还从市场补充了一些风险管理人员。因为银行培养一位经验丰富的信贷骨干，少则五年，多则十年以上，这样的风险专才一旦离开，临时培养是来不及的；从市场招聘，由于供给弹性小，即使出高薪也难以大批招到人。

大约在2006年，深发展风险条线的员工基本稳定下来。由于从2005年开始实行了信贷垂直管理，信贷专业序列也建立起来了，分行信贷执行官绝大多数从信贷条线培养产生，下派分行后能够很好地执行总行信贷政策。这样，新增贷款质量就控制住了。从2005年到纽曼离开的2009年，深发展没有新设一家分行，完全是靠内生培养风险专员支持业务发展，实现了利润增长14倍。这说明，中长期而言，风险专员的供给弹性是可以扩大的。反过来，内部培养的风险专员数量增加，又进一步推动银行信贷产品创新能力和核心竞争力提升。这一时期，由于信贷管理专业水平的提升，深发展多项信贷产品创新走在同业前列，如公司业务的供应链金融，零售业务的双周贷、循环贷等产品。银行信贷产品创新能力是银行内生可持续发展的重要特征之一。反之，如果从市场引进风险人员的同时，没有建立起风险治理和垂直管理体系，没有风险专员的专业晋升发展通道，引进的风险人员将缺乏风险团队的支持，风险控制绩效将难以确保，受供求张力的影响，将面临风险人员的再次流失。

2015年6月，中国银监会发布的《关于促进民营银行发展的指导意见》，标志着国内银行业的对内开放。近年来，民营银行陆续成立。这些新成立的民营银行，风险管理岗位是必配的，因此其对风险专员需求近似是刚需。可以预见，一旦经济企稳回升，银行业风险人员的需求和市场薪酬还会进一步上升。对于工商银行这样的大行，分流少量风险人员到市场上，可能不会对其正常风险管理造成大的负面影响。但是，对于潜在不良贷款率高企的中小银行，如果关键风险管理岗位人员大批流失，将对其信贷管理工作造成很大冲击。为了正确应对这种冲击，需要遵循风险专员供求的市场规律，处于不良贷款困境中的中小银行不妨学学深发展当年的成功做法。

（2016年4月24日）

汉德原则与责任认定

银行风险官职位的尴尬和困境，业界同仁的口头禅是“这个位子不好坐”，英语也有一个形象的表达称风险官职位是“hot seat"。在经济下行期，银行不良贷款大量暴露，风险官的位子更不好坐。1997年亚洲金融危机后，国有银行不良贷款大量发生，“乱世用重典”，国有银行从支行到分行到总行，对大批不良贷款相关责任人进行了责任追究，违规信贷人员轻则被处罚或调离信贷岗位，重则离开了银行。国有银行这一时期的整风肃纪，加之后来的风险管理和内控体系制度建设，信贷文化逐渐建立起来了。上次金融危机时，股份制银行规模还小，大多属于区域性银行，信贷管理制度还很不完善，有些信贷工作和信贷行为缺乏制度依据；另一方面，由于合规意识不强，制度形同虚设得不到贯彻执行的现象，也同时存在。如有的股份制银行由于高管层变动频繁，多年没组织过不良贷款责任认定工作。2008年国际金融危机的影响波及至今，近年来银行不良贷款呈加速上升趋势。由于信贷客户结构和产品结构差异，在这轮不良贷款上升周期中，股份制银行不良率将明显高于国有银行，如钢贸等大宗商品融资业务主要集中在股份制银行。去年银行监管部门从监管检查得出的意见是，近年发生的不良贷款的主要原因是银行内部管理问题。由此看来，银行业新一轮不良贷款责任追究是难以回避的。对比国有银行，可以预见股份制银行的合规文化和信贷文化也将随着本轮不良贷款责任认定得到强化并逐步建立起来。

银行不良贷款责任认定工作可谓是知易行难。一笔贷款经过的岗位少则三五个，多则十几个，虽然每个岗位的责任在信贷流程文件中都写得清清楚楚，但在信贷实践中往往前手以为后手会把关，后手以为前手已尽职，矮个子以为高个子顶着，这样常常造成“都负责，都不负责”的结果。一旦发生不良，事后如何认定责任呢?

有的观点认为终审人须承担贷款的最终责任。问题是，每一笔贷款至少都有一位终审人，这实质等同于终审人在每一笔不良贷款责任认定中都要被追究。显然这样的责任划分不利于信贷风险控制，因为终审人之前的调查、审查人员容易产生卸责行为，把责任都推给终审人。终审人承担最终责任的逻辑，在信贷出账审查环节也会导致同样的问题。如审查人员在审查报告中都会提出风险点和控制措施，最后终审人的批复意见不一定全部采纳。如果对审批意见出账人员没有逐项核实就出账，追究信贷出账人员的责任是合理的，如果认为出账人员没有关注到批复意见之外的审查信息如审查报告中提到的风险点而被追责，将会导致审查与出账环节的责任边界不清。

美国著名法官汉德（Learned Hand）1947年在判案时提出汉

德原则，今天仍被广泛参照作为责任分摊原则，即涉及事故的各方应该承担的责任，与其避免事故所需要付出的代价成反比。也就是说，谁越容易避免事故，谁承担的责任就越大；反之，谁避免意外所要付的成本越高，谁的责任就越小。这样来分摊责任，将使得全社会避免意外的总成本是最低的。这个原则也适用于银行不良贷款责任认定，只是银行业的表述方式略有差异。银行不良贷款认定的原则是主观故意与重大疏忽两大原则。主观故意原则，是指信贷人员明知违反了信贷规章制度仍然做出违规行为，就要被追责；重大疏忽原则，是指违反了信贷岗位常识，也要被追责。因为合规做事的成本是最小的，按照信贷常识行事的成本也是最小的。

如关于终审人的责任认定，如果不良贷款的原因是由于授信资料虚假导致的，主要责任就应该认定客户经理的责任，因为客户是客户经理营销来的，客户经理对客户真实情况更了解，调查所需的成本比终审人更低。又如，如果一笔不良贷款是由于终审人越权导致的，就应该追究终审人第一责任，因为作出不越权的决定对于终审人而言是不需要增加任何额外成本的。

在当下不良贷款集中爆发期，负责不良贷款责任人员的工作量十分繁重。工作难度也不小，刚拿到一笔不良贷款卷宗时，责任认定工作可能不知从何下手。近年来不良贷款案例确实很多，但不良贷款的原因还是有一定规律可循的，其中，联保互保、抵押不足值、贸易背景或贷款用途不真实，是三大最常见的原因。如果是一笔联保互保不良贷款，在调查环节的常见问题是，重点调查客户经理是否核实过客户的关联关系或故意隐瞒了客户的关联关系；在审查审批环节的常见问题是，审查或审批人分散授信导致越权审批，责任认定人员就要重点调查终审人终审前是否存在已经获悉客户关联关系的证据。再比如，如果是一笔贸易背景不真实的不良贷款，就要重点调查在调查环节客户经理是否超出客户的融资能力或融资需求申请授信，或者贷后没有监控贷款资金使用而被客户挪用的事实。查清了不良贷款的主要原因，信贷流程中的第一责任就容易界定了。

银行是风险密集的行业，银行风险管理水平是在不断总结风险案例的教训中逐步发展的。有些风险案例是银行风险管理经验不足造成，相关责任人既没有主观故意违规，也没有重大疏忽行为，银行对于这些人员就应给予尽职免责处理，这也是银行责任文化的重要组成部分。如前几年银行支持国家战略新兴行业发放了大量的贷款，也产生许多不良贷款。一般而言，由于国内银行主要以利差收益作为风险补偿，还不能持有企业股权作为风险补偿方式，在这样的金融环境下，银行信贷投向应该是产品成熟、技术成熟的行业。对于产品、技术不成熟的行业出现的不良贷款，如果总行层面没有禁止准入的政策要求，分行信贷人员没有识别战略新兴行业潜在的风险，就不属于重大疏忽行为。

股份制银行与国有大银行或者国际先进银行比较，信贷文化主要差距一是信贷合规意识不强，二是信贷经验不足。如果这两方面都赶上了，不良贷款被追责的人员占比就会大幅下降。

国外先进银行因不良贷款被追责的人员占比很低，就是因为其信贷合规文化得到了切实履行。反之，如果一家银行因为不良贷款、信贷违规被追责人员占比很高，这家银行的信贷文化建设就还有很长的路要走。对照行业标杆，我国股份制银行需要努力学习美国富国银行倡导的信贷文化理念：我们的信贷文化是，当我们把所有的信贷制度抛开，我们仍然可以正常开展信贷业务。有无相生。抛开所有制度的前提是，制度已经融入信贷行为落地生根了。

（2016年4月17日）

第四章

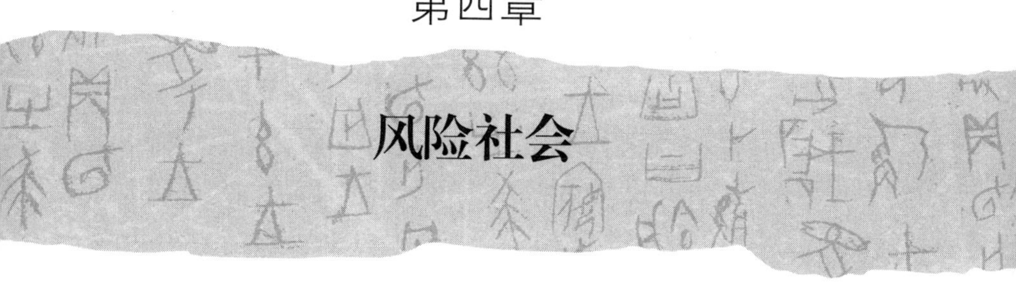

风险社会

资产结构、专业分工与风险社会

2008年国际金融危机期间，我工作所在的银行有一位快到退休年龄的高管，他曾经在花旗银行工作多年，对花旗银行的股票情有独钟，把多年积累的大部分养老金都买了该行股票。到2008年9月，花旗银行股价已经从2006年的最高峰55.7美元跌到了20美元，且还在下跌。每天上班，这位高管见到我们，一谈起股票就摇头叹气，“我的养老金啊！”。那段时间股票市场几乎天天有坏消息，后来我们也不敢问花旗银行的股价了。到2009年3月，花旗银行股价跌到了0.97美元，即半年时间内股价跌了97%。这位高管曾是花旗银行的雇员，对该行的情况多少了解一些，尚且输得这么惨，对花旗内部情况一无所知的普通股民，输得倾家荡产就不足为奇了。这样极端的银行风险事件会在国内发生吗？以深沪A股市场为例，银行股市值占比大约在20%左右，满仓银行股的股民占比也不低，这些股民来自各行各业、社会各个阶层，如政府公务员、公司职员、教师、医生、学生、农民工、广场舞大妈等，他们对银行业熟悉的估计也不多。过去，中国商业银行有政府信用作为隐性担保，人们相信银行是最安全的，不会破产，但《存款保险条例》正式实施和利率完全市场化以后，银行像其他工商企业一样也存在破产的风险，一旦股价出现类似上述花旗银行那样的灾难性下跌，对于年轻股民而言，或许还可以鼓起勇气，期望“千金散尽还复来”；对于临近退休年龄或已经退休的股民而言，可能再也没有翻身机会了，前大半辈辛苦工作积累的一点资本就付诸东流了。由于股票投资的风险特性如此，这是广大股民无可奈何不得不接受的风险现实。其他资产投资又如何呢？有的人认为炒房比炒股稳妥，这也未必。如1997年亚洲金融危机期间，许多投资楼市的香港投资者一夜之间投资变成了负资产。据中国工程院院士、深圳市规划和国土资源委员会巡视员郭仁忠透露，全国新城区规划人口达34亿人，中国未来还会出现更多的空城或鬼城，这些经济发展水平相对落后的中小城市大多是产业外迁或人口净流出的地区。如果你前几年在房价高位时购买了这些地区的房产，收回投资将是遥遥无期的事。

现代市场经济创造了巨大财富，也潜藏巨大风险。市场规模越大，专业分工越细；隔行如隔山，专业分工越细，不同行业的相互了解越困难，各行各业主要通过金融市场连接起来，金融成为现代经济的核心。据统计，截至2014年，中国居民家庭资产主要以房产和金融资产为主，分别占70%、10%，对比美国家庭金融资产占比接近60%。可以预见，未来中国居民家庭金融资产占比将呈上升趋势，随着储蓄存款占比下降，未来金融资产和房产合计占比将超过80%。房地产和金融都属于风险密集的行业，从职业分布看，则是大多数人专业分工领域之外的两个行业。但千家万户的资产却集中在这两个行业。因此，这两个行业的风险，既是经济风险，也是社会风险。如果不熟悉这两个行业的风险状况，不具备投资理财能力，别说“富不过三代”，在一代之内的财富也难以保值增值。熟悉这两个行业的风险又谈何容易？

十多年前，我曾经到美国花旗集团和花旗银行总部访问，花旗集团仅风险管理部门就有十几个，我们向介绍情况的专家请教，“哪个部门对全行的风险管理状况最清楚？”，答曰“没有哪个部门能完全了解本行风险管理状况”，听到这个回答，我们睁大眼睛说不出话来。现在想起来，当时这位专家说的是实话，因为如今大型企业内部部门职能之间的屏障也如山河阻隔，互不了解。虽然社会上常调侃专家，然而在专业如此细分的现代社会里，不是专家没有用，而是专家仅在其专业细分领域之内才是专家，要找对某个细分领域的专家才能对解决具体问题有帮助。2007年，A股大跌之前，我问一位做信贷审批工作的同事买股票没有，他回答说，看到有些授信申请被否决的企业股价被炒得这么高，不敢买了。2007年股市登顶前，有人可能会嘲笑这样的专家，也许股灾过后，嘲笑者才会领悟到专业意见的价值。

如果说风险是隐藏的信息，我们面临的风险不仅限于金融投资领域，在求学、求职、求医、养老等多方面，都存在类似风险。可以说我们已经进入风险社会。在求学方面，许多家长面临送小孩出国还是在国内上学的问题，是跟着市场走，还是跟着教育行业专业人士的意见走？在求职方面，城市家长面临支持孩子当公务员还是找商业单位求职或创业，农村家长面临让孩子进城打工城里安家还是进城打工回乡安家的问题，是跟着市场走，还是跟着志向走？在求医方面，选择医疗方案时，是相信熟人的意见，还是相信专家、事实和自己的感觉？在养老方面，每过5年人类预期寿命增加1年，我们是为75岁预期寿命准备养老金，还是为85岁、95岁准备养老金？这些是每个家庭都可能面临的风险。

虽然各行各业、社会方方面面的风险特征不同，但风险管理的基本思想是相同的。首先都是要问，这类风险曾经发生过没有。从来没有发生过的风险不用去管它，不要“杞人忧天”；对于曾经发生过的风险，发生的概率有多大？如果概率极小，发生后的损失也很小，也可以不管它；如果发生概率小但一旦发生损失很大，就要采取预防措施，降低事件发生的概率或降低损失；对于发生风险概率大，没把握的事情，一般就不要做。可以看出，虽然不同行业风险控制措施存在差异，风险密集的行业风险控制还相对复杂，但风险管理的基本思想是相同的，都是一些常识，只要我们形成这样的思维习惯，每个人、每个家庭都有望对风险进行有效管控。德鲁克在《旁观者》中表达了这样的思想，因为事件识别是风险管理的前提，事件既是客观的也是主观的，所以，为了识别事件，自己要成为自己的旁观者。《老子》曰：“吾所以有大患者，为吾有身，及吾无身，吾有何患？”当然，老子的这句名言，不仅适用于风险管理，也适用于不确定性。如果你做到了老子所说的“利而不害”，不仅可以规避许多风险，也可以规避不确定性。

（2015年10月19日）

城市升级与理念更新

大约在1997年香港回归前，有一次我参与接待总行一位理论家，相当于现在的首席经济学家吧，老专家问我们分行做哪些行业的信贷业务，我们回答主要是进出口、房地产和高新技术行业。这是亚洲金融危机前，他对前两项信贷业务表示认可，对于高新技术行业，则带着不无怀疑的口气回答说，深圳凭这些打工仔、农民工怎么发展高科技企业，不就是三来一补企业吗？20年过去了，深圳今天的高新技术产业发展成就，是当年这位老专家没有预料到的，但是对于当年满心向往投身深圳经济建设的许多一线工作者而言，今天的成就正是他们青春年华时向往的深圳梦。

1997年的华为、中兴等本土高科技企业已经小有名气，虽说规模还小，但已经将国际先进管理水平作为追赶目标，常年聘请国际咨询公司提供咨询。银行对这些本地高科技企业的信贷意向也从拒之门外转向谨慎支持。我所在分行的一位领导连续多年向深圳特区人行建议成立科技银行（当年深圳金融业有先行先试权），虽然没有获批，但也反映银行风险偏好的变化。正是这些本地企业的快速成长，1997年亚洲金融危机后，为了应对出口市场萎缩，深圳市政府推动进行了第一次产业转移和升级，大批三来一补企业转移到了东莞等地。相应地，启动建设福田中心区和南山高科技产业园区。这是深圳市第一次大规模的产业升级和城市升级。如今深圳市的高科技行业是发展起来了，深圳市已经与北上广并称为一线城市。

深圳市的发展成就是中国城市化进程的一个缩影，出乎国内外大多数分析人士的意料之外。当年南下深圳的建设者包括下海的国家干部和求职的大学生，大多都是赶潮而来，也很难说有多少人有先见之明，吸引他们的是深圳自由竞争的大舞台。上面这位没有预见到20年后深圳高科技崛起的银行老专家，是否关注到了当年像潮涌一样南下深圳打工的干部和大学生群体呢？又是否注意到当时在四大国有银行中，北上广深四家分行的利润早已是各家行的“四朵金花”呢？无疑，这都是肯定的。之所以很多人没有预见到深圳今天的崛起，我想主要原因是受观念的制约，以为深圳这个小渔村难以长出高科技企业。这样的观念是颠倒了城市升级的因果关系。从深圳市的发展实践看，产业升级是城市升级的驱动因素，而不是相反。这是市场的力量。

另一方面，城市升级相关的综合营商成本是产业升级的制约因素。2008年国际金融危机后，深圳市完成了新一轮产业升级，大力发展未来10年的主导行业，如互联网、新一代信息技术、生物技术、新能源、新材料等行业。由于劳动力成本上升，许多深圳本地企业再次向东莞等周边地区转移。但有的企业转移到这些劳动力成本较低的地区后发现，虽然这些地区劳动力成本比深圳市低一些，但考虑税收成本和产业配套环境，总成本反而高于深圳。这些企业对于是否需要回迁感到左右为难。根据有关学者统计，1995—2012年，中国名义GDP上涨了8.6倍，人工工资总额上涨了8.8倍。与此同时，税收涨了16倍，包括税收在内政府其他收入涨了18倍。各地企业的税收负担存在较大差异。越是经济发展水平较好的城市，税收等营商成本相对较低；反之，成本较高。可见，城市升级不仅包括基础设施等城市硬环境的升级，还包括监管制度等软环境的升级，这是政府服务的力量。一个经济发展较快的城市，必定是市场和政府同时发力的城市。

城市升级不仅影响企业，还影响员工。最主要的因素是伴随城市升级而不断上涨的房价，对企业年轻员工也包括银行业的年轻员工，影响较大。多年前，我所在部门的同事常常对我谈起，房价太高，买不起房子，想迁回老家工作。我鼓励他们，工作干好了自然能买得起房子。如今这些同事都住上了自己买的房子，我想他们会庆幸自己克服困难坚持下来了。所以，城市升级增加了生活成本，首先影响到的是员工，支持员工留下来的是企业。如果企业符合产业升级的方向，企业能够在某个城市生存下来，员工也能生存下来。2009—2014年全国新增人口中，北上广深等十大城市新增人口占了一半。可见，2008年国际金融危机之后，人口迁移总趋势不是逃离北上广深，而是继续流向北上广深等大城市。在城市化和城市升级进程中，人口迁移规律遵循中心城市化，而不是去中心化，对于一个城市之内也是如此，城市中心化，而不是郊区化。

（2016年5月10日）

股市如梦，梦如股市

近日，某证券公司的首席经济学家对近两年的股市有过这样的调侃。他说，如果你2014年上半年买入A股，2015年6月初卖出，然后下半年买入中心城市的房子，2016年上半年再卖出，买入大宗商品和黄金，那你有望成为中国的巴菲特。股市寄托了多少人的梦想，又有多少人怀着发财梦在股市中沉醉和梦醒。

2014—2015年6月股灾前，创业板市盈率出现惊人的涨幅，从市盈率，到市梦率、市胆率、市傻率，有的股票静态PE一度达到20多万倍！有的人因为过早下车懊悔不已。股灾破灭后，跳楼的有之、离婚的有之，血本无归的大有人在；即使侥幸逃顶的人，也是惊魂未定，仿佛还在梦中。这与2007年的股灾何其相似？这样的故事一再上演，相信还会继续上演。如何才能借得一双慧眼看穿未来的迷雾？

“没有人能随随便便成功”。巴菲特孩童时代就喜欢火车，梦想着有一天能拥有大批火车头。2009年，美国金融危机余波未了，他就以260亿美元实现整体收购美国第二大铁路运营公司—北柏林顿铁路公司。这是伯克希尔公司历史上最大宗的单笔交易。

对于这项最大并购的原因，巴菲特对媒体给出的解释是：他所有的筹码都押注在美国未来的经济前景上。投资寄托了巴菲特一生的梦想。

中国改革开放三十多年，经济发展快车为神州大地的寻梦者提供了一次又一次上车的机会，为各行各业造就了大批英雄人物。当然，也有许多人还没有到站就提前下车了。在求学快车上，恢复高考制度后，当年的知识青年考上大学是他们的追求；后来，出国留学是更高的追求。在出国留学队伍中，随着中国经济发展水平提高，从当初的研究生留学，到后来的大学本科留学，再到中学生留学，甚至小学生留学。学以致用，求学之后是求职吧。在求职快车上，改革开放初期，进城去、脱离农村户口，是当时农村娃的最大追求；如今到大城市去，成为多数青年求职者的梦想；从全球来看，到中国去，是海外留学人员的优先选择，这是近些年里海外留学人员以及在海外国际机构工作的华人回国服务逐年增加的原因所在。可惜的是，也有许多人与命运交错，偏离主航道。对于小学就去英国留学的小朋友，如果出去以后发现，他们的数学老师是从上海聘请的小学老师，他们的家长会有何感想呢？三十年前那些卖掉北京的房产作为出国留学费用，三十年后回国发现在国外打工所挣还不够买回出国前卖掉的房子的，可能盼望时光能够倒流吧。

下一个三十年呢？那些准备逃离北上广深等大城市的人，今天的梦想和追寻将决定未来的命运。庄周梦蝶，蝶梦庄周。自己也有点恍惚了，我这是谈梦想，还是谈股市？答案都在中国快车上。别上错车，也别下错站。

（2016年7月23日）

择高处立，向宽处行

“择高处立，向宽处行”是左宗棠晚年题写对联中的名句。人生阅历不同，对其理解也会不同。择高处立指的是人生境界，儒家文化传统中把“立德、立功、立言”视为不朽的境界，“六亿神州尽舜尧”也是这种传统的道德观。十年“文革”，国民经济濒临崩溃，路子越走越窄。高处不胜寒。择高处立不易，向宽处行亦难。向宽处行是指人生的现实处境。老子说，“江海之所以能为百谷王者，以其善下之”。改革开放后，邓小平提出“白猫黑猫，逮着老鼠就是好猫”，回到了人的基本物质文化需求，土地还是这片土地、人还是这些人，却取得了经济发展奇迹。当代哲学家中，无论是冯友兰提出的“自然境界、功利境界、道德境界和天地境界”人生传统四境界说，还是张世英提出“欲望境界、求知境界、道德境界和审美境界”现代四境界说，都区分了人生境界的层级差异。境界高的人是少数，如果大多数人都生活在琼楼玉宇，不食人间烟火，就会脱离现实。“天下熙熙皆为利而来，天下攘攘皆为利而往”，这是最宽广的现实。利而不害，为而不恃，功成不居，这是天地境界，也是俗世的道德经。

大道至简。“为学日益，为道日损，损之又损，以至无为”。无为之治，是竞争机制的另一种表述。国内曾经有这样两家外资控股的银行，治理业绩差异较大。两者在银行理念层面，境界都很高，看不出优劣。差异体现在执行层面。前者的首席执行官信奉“Money talk"，重视机制建设，不干预、也不会代行副手职能范围内的决策；以员工薪酬高于市场平均薪酬作为改革的目标之一，改革之初，首先对关键部门、关键岗位加薪，很快就稳定了业务骨干；对业务人员则根据业绩好坏拉大绩效薪酬的差距，不久业务也上去了。后者的首席执行官将本该属于副手的决策权集于一身，导致副手们私下纷纷表示自己没有什么职权；在行内不允许员工争取待遇，对关键岗位员工侧重强调事业心和奉献，关键岗位薪酬与市场薪酬水平脱节。结果是人心涣散，经营陷入困境。

另一个有趣的对比是，部门层面也存在类似的差异。在前一家银行，员工任劳任怨，执行力强。部门内曾经有一位员工，承担的工作责任大，在近两年时间内部门负责人都没有表扬过他一次，倒是经常批评，对他提出各种工作要求。后来他完成任务出色，部领导公开表扬了他。事后他对部领导说，他很感动，这么长时间的工作努力终于得到表扬肯定了。后一家银行员工也很优秀，但执行力存在不足，最大差异是工作不够主动，没有把完成好领导布置的任务作为一种自我激励，有时得过且过。

激励与约束是一个问题的两面，缺乏内外竞争机制，多数员工的积极性就难以调动起来，员工进步就慢；员工进步慢，领导对员工的要求就显得越高，取得的效果就越弱。由此看来，向宽处行是择高处立的前提和条件，如果基层缺乏竞争意识，仅是中高层高标准、严要求，结果是中高层动了，基层推不动。因此，中高层重在把握方向、建立机制和督促执行，企业的活力来自受良好机制激励和约束下的基层的主动性和创造性。

（2017年4月10日）

人多好种田，人少好过年

小时候在农村长大，那年头经济很困难，由于家里人多，年终积累和余粮不多，经常听祖母感叹“人多好种田，人少好过年”。人多地少，这是传统农村的困境。原因在于农业是劳动密集型行业，需要的人手多，人均产出低，所以，“种田”与“过年”始终是一对矛盾。200多年前，英国经济学家马尔萨斯提出的《人口论》对人口增长前景的观点是悲观的，认为资源的增长赶不上人口的增长。这种悲观论至今还有影响。200年来，中国人口由不到4亿增长到超过13亿，世界人口由10亿增长到70亿，考虑到200年来的技术进步，无论是中国还是世界范围来看，总体生活水平是在不断提高的。然而，2013年，美国总统奥巴马就曾对媒体公开表示：“中国有13亿人，他们越崛起，我们就会越没饭吃，因为地球资源供给是有上限的。所以为了我们能继续过现在的生活，就必须遏制中国的发展。”这样的论调无异于现代版的马尔萨斯人口论，显然不符合现在经济发展现实。但在同一时期不同行业来看，人均产出差距是存在的，那么，“种田”与“过年”的矛盾未来将如何发展转化呢？

为了摆脱人多地少的困境，改革开放后，农村人口大量进城打工，转移到制造业，人口单向流动一直延续至今。人往高处走，这是因为制造业的人均产出和人均收入高于农业。制造业本质上属于技术密集行业，因为如果技术不过关，产品质量不合格，销售就不能实现。那些从事制造业的农民工，如果没有技术特长，就只能从事劳动密集的岗位，如富士康流水线上的工人，其收入占比普遍较低；制造业的高薪岗位和盈利流向少数掌握关键技术的专家、管理者和企业主。在中国工业化进程中，制造业创造了最大的财富，也产生了最多的富豪。截至2016年，中国富豪行业排行榜中，制造业排在第一位，房地产业排在第二位。房地产业本质上属于资金密集的行业，所以，这个行业的财富集中在那些能拿到土地和贷款的企业主手里，如很多大富豪就来自房地产业。

在中国，科技行业的富豪仅排在第三位，这反映了我国经济发展还没有进入创新驱动阶段，科技发展还在追赶国际先进水平。在全球富豪行业排序中，排在第一位的是科技行业，其次是制造业、房地产业。

金融业呢？金融业既不是资金密集行业，也不是技术密集或劳动密集的行业，而是风险密集的行业。因此，金融业的财富集中在哪些能够有效管控风险的银行家或专家手里。银行业的富豪数量既与经济发展阶段有关，也与经济周期有关。发展中国家银行业富豪少，发达国家的多；在经济下行期，银行业的富豪少；

在经济上行期，银行业的富豪多。如2016年全球富豪行业排序的前三个行业就没有银行业。从历史上看，自1900年以来美国上市公司中，有的行业消失了，新的行业又出现了，但银行、保险上市公司始终占有重要地位。金融行业创造大量财富的，可以是一家银行，也可以是一两个人。如1992年索罗斯凭一己之力做空英镑赚了10亿美元；巴菲特和芒格领导的伯克希尔公司市值超过4000亿美元，公司总部仅有25名员工。

从行业变迁历史看，在知识经济年代，既要“种田”好，又要“过年”好，关键是提高人力资本。富不过三代，财富代际传承难度大。千秋大业，教育为本，包括学校教育、在职教育、社会教育和终身学习。诗礼传家，十年树木，百年树人，三十年一代人，百年刚好是三代人。在教育公平、义务教育的大背景下，富过三代的概率将越来越小。随着社会的发展，人们追求的将逐渐不再是物质财富，而是知识财富和身心自由的幸福感，在这样的社会里，富过三代的必要性也下降了，这是美国富豪热衷慈善事业的原因吧。

（2017年3月13日）

危机与生机

今年是深圳经济特区成立35周年，深圳市民纷纷以各种形式纪念庆祝特区35周岁。在北上广深四个一线城市中，除上海外的其他3个城市，我曾经都生活工作过，其中在深圳生活了20多年，感触最深。记得《大国崛起》纪录片介绍大国崛起的主要力量是政府和企业。对于一个城市也是如此。深圳市35年来的经济发展成就，政府推动功不可没。与特区一同成长起来的华为、腾讯、平安、万科等一大批优秀企业则是特区建设的主力军。塑造深圳这座城市特质的，是深圳市政府，还是华为、腾讯这些知名企业呢？

特区的成长历程，给我们提供了一个观察这个问题的最好视角。因为先有深圳特区政府，后有华为、腾讯等优秀企业，正是深圳特区政府的特质塑造了华为、腾讯等优秀企业的特质；后者又塑造了具有其企业文化特征的员工行为特质。特区政府、企业、员工共同塑造了这座城市的特质，这就是特区政府部门提出的以“时间就是金钱，效率就是生命”为代表的危机意识。

以政府为例。2015年3月26日，深圳市历史上第一位中央委员级别的市委书记马兴瑞到任，媒体和社会舆论对深圳发展成就和未来发展前景一片赞扬之声。对此，马书记很快就在政府内部会议上对这种舆论进行了制止，泼了一盆冷水。大概意思是说，对深圳已经取得的一点成绩不要沾沾自喜，深圳发展存在的问题还多得很。这种危机意识，不仅本届政府领导有，历届政府领导都有。1997年亚洲金融危机，深圳市外贸出口受到的冲击，在国内首当其冲。危机过后，深圳市政府对未来的产业结构进行了调整，将在亚洲金融危机中受冲击较大且当时仍然属于深圳市主导产业的“三来一补”企业进行外迁，转向发展高新技术企业和金融等高端服务业；2008年国际金融危机后，深圳市政府又将新一轮产业结构调整主攻方向确定为下一轮世界经济增长的时候需要的技术和产业，包括：互联网、生物技术产业、新能源产业、新一代信息技术、新材料和文化创意等六大战略新兴产业。

在深圳成长起来的大批优秀企业，正是由于具有超前的危机意识，才克服了一次又一次危机。2000年，美国网络股泡沫破裂，任正非在华为公司当年销售额已达220亿元，利润达29亿元人民币，居全国电子百强首位的时候，于2001年2月在内部刊物《管理优化》上发表了《华为的冬天》一文，大谈危机和失败。“十年来我天天思考的都是失败，对成功视而不见，也没有什么荣誉感、自豪感，而是危机感”。“华为公司老喊狼来了，喊多了，大家有些不信了。但狼真的会来了。今年我们要广泛展开对危机的讨论，讨论华为有什么危机，你的部门有什么危机，你的科室有什么危机，你的流程的那一点有什么危机。还能改进吗？还能

改进吗？还能提高人均效益吗？”。任总这篇文章使我想起90年代初随总行领导去华为的一次调研，总行领导问，华为当前面临的主要问题是什么？任总脱口就答“不知道怎么管理”，我当时以为是任总谦虚。事后看来，任总此言不虚，因为他当时的回答与几年后他在《华为的冬天》中表露的心声是一致的。在这篇文章中，任总主要是谈如何提高管理效率以迎接危机的挑战。成功的企业都是相似的。2008年万科成为全球最大房地产企业时，王石喊出了“下一个倒下的房地产企业是万科”；腾讯在QQ红火的时候感到危机临近，推出了微信，取得了更大成功。

企业领导人的危机意识又是如何传导给员工的呢？以平安为例，平安的绩效考核基本理念是“三比三看”，即与目标比、与市场比、与同事比。高管层主要是与自己年初制定的全年目标比、与市场比；员工主要是与同事比。对于高管层而言，如果连续几年不能达成经营目标，就可能被免职。如平安集团为了利用几千万保险客户资源优势支持平安银行飞跃式发展，集团内部要求银行与保险子公司之间的交叉销售率不低于60%，平安银行先后有三任分管零售银行业务的副行长，因为未能达到这个战略目标而被换岗。与市场比对于高管层也是硬约束，如果本公司市场排名没有达到预期，即使完成了年初制定的经营目标，年终高管层也拿不到全额奖金。对于高管以下员工而言，与同事比的绩效考核可以用残酷来形容。平安对员工绩效考核结果实行强制分布，如果分布在70%分位数之后，绩效奖金将大幅扣减，排在90%分位数后的员工就要被淘汰。平安被员工称为魔鬼训练营，也许并不夸张。在平安工作期间，我对这种绩效文化并不陌生，因为90年代初我还在工行深圳分行工作时，该分行行长的考核理念就是支行行长的考核主要看支行之间的对比，经营目标完成多少并不重要。

差之毫厘，失之千里。如今“三比三看”的考核方法被众多企业效仿。但如果只有考核，没有考核结果的严格运用，这样的机制就没有实质约束力，员工的危机感就不强，企业就没有生气。与其说员工没有危机感，其实是高管层没有危机感。市场竞争何处不是绝处逢生，尤其对于金融等风险密集的行业更是如此。近十多年以来，在这些行业实行全面风险管理已经成为行业共识。在全面风险管理的多个目标中，在战略目标不偏离的前提下，全流程的效率目标成为生死攸关的首要目标。物竞天择，效率是生命，效率就是危机中的生机，对于政府、企业还是个人，概莫能外。

（2015年10月5日）

容忍与进退

在自己天命之年曾写过一篇短文《宽容与直率》，体会到孔子说的天命其实把握在每个人自己的手里。那时的体会是“哪里有直率，哪里就有宽容和节制；多一份宽容，就少一份直率”。无独有偶，胡适晚年也有类似的论述，在《容忍与自由》一文中，他谈到随着年龄的增大，越来越感到“容忍比自由更重要”。这位当年的留洋博士，在以倡导婚姻自主为新潮的民国初年，遵母之命娶小脚女人江冬秀为妻，并相守一辈子，可以说，容忍是他一生恪守的人生信条。这是他对别人的宽容。在政治上，这位留美博士既不信共产主义，也不信三民主义，一生信奉自由主义，主张多研究些问题、少谈些主义。由于不信共产主义，蒋介石退守台湾时，他不得不一起退出大陆；在台湾，他反对蒋介石的独裁主义，又不得不在台湾的政坛退出。他晚年宣扬容忍比自由更重要，何尝不是希望当权者对自己宽容。

谁不向往自由？莎士比亚说“只要我不在噩梦里，即使我被关在果壳之中，我仍然以为自己是无限空间之王”，这是思想自由。在这个意义上，每个人都有思想自由。“有钱就任性”，这是财务自由。胡润说，北上广深财务自由的门槛是2.9亿元，看来对绝大多数人而言一辈子也到不了财务自由，当然姚老板除外。但即使是姚老板，也不是想买什么就可以买的。虽然买南玻如入无人之境，但买万科大战三百回合还是败下阵来，买格力则还未举牌就被董小姐喝退，最终导致自己被保险业扫地出门。芒格说，如果我知道自己要死在哪里，我就不去那里了。这一结局不知姚老板是否曾预料到。

为何万科第一大散户刘元生这么多年与万科能够相安无事，万科却容不下姚老板呢？因为刘是个人市场交易行为，不涉及公司治理，而姚的交易看似是市场行为，其实背后涉及企业组织行为，涉及公司治理。科斯说企业的本质是交易，德鲁克说企业是一个社区，涉及众多社会关系。对比刘与姚在万科的进退，支持德鲁克的观点，不支持科斯的观点。市场交易可以进退自由，然而社会关系恩恩怨怨，没有容忍就没有自由，即使进入，也会被迫退出。姚老板容不下王老板，王老板岂能容得下姚老板呢？

一端是虚无缥缈的思想王国，一端是浩浩荡荡的市场江湖，在两者之间是无数的家庭、企业等组织。江湖之中，正如思想天马行空，可以来无影去无踪、来去无牵挂。庙堂之上，祖宗牌位，尊卑长幼，依次排列，等级森严，不信祖训者，必将被逐出家门。怀抱理想，一心想恢复周礼、周游列国的孔丘不也被李零称为丧家之犬吗？

（2017年2月25日）

天何言哉

儒家主张知行合一、知成合一，在重视实践理性的文化传统中，知、言、行、成四者，唯独言的地位相对较低。如“刚毅木讷近仁，巧言令色鲜矣仁”“讷于言，敏于行”“行胜于言”。老子说的“大音希声”也说的是知与言的关系，大智若愚，无声胜有声。过去有“半部《论语》治天下”的传说，如今知行合一再次上升到治国理政、文化自信的高度。关键是如何实现中国传统的创造性转化，将传统文化中的个人伦理转化为公共伦理。

过去，领导讲话就是政策制度，所以大多数情况下，领导讲话都要作为文件印发，这种做法不仅在政府部门普遍存在，在许多大型企业也还在延续。改革开放三十多年以来，也有一些企业逐渐建立了比较规范的公司治理机制，领导讲话已改成PPT格式了，也不印发文件，只有政策制度才印发文件。我了解的国内一家银行，其公司治理制度非常规范，行领导在全行性会议上讲话稿都是PPT格式，而且参照联大发言的时间规定，每个行领导讲话不超过15分钟。行领导讲话主要是讲一些政策及其执行结果，以数据、表格为主，文字为辅。会议主要是讨论政策，不是领导讲话。这家银行的经营效率和经营成果都很好。另外一家可以相对照的银行，主要行领导很少抓基础制度建设，高管层专业委员会很少审议政策制度，行内政策主要以领导讲话为准。所以，领导讲话内容要么笼统空泛，没有指导性；要么很具体，但不具备可操作性。在这样的治理模式下，可想而知，该行经营成果不佳，问题很多。因为问题多，领导讲话要说的事项就多，讲话时间更长，一位行领导讲话有时相当于十个联大代表的发言时长。会议讨论主要是讨论领导讲话，一般不讨论政策。由于没有制度保障，高管层的经营理念在分行执行层面偏差很大。这样的公司治理，无论是知行合一，还是知成合一都实现不了。从知行合一角度理解，对于国家治理而言，法治就是知；对于公司治理而言，管理制度就是知。

新中国成立前，毛泽东总结国内革命战争经验写成的四卷本文选，至今还畅销不衰。根据《毛泽东阅读史》介绍，新中国成立后，毛泽东非常希望写出关于新中国建设方面的著作，但最终未能如愿。“文章憎命达，诗穷而后功”，未必如此。亿万富翁索罗斯、德国投资家安德烈·科斯托拉尼取得投资成功后所写的很多书都很畅销。

迄今为止解释中国经济最好的畅销书是林毅夫、蔡昉合著的《中国的奇迹》。林毅夫任世界银行副行长后，记者问为何他能成功当选，他回答说，是因为中国经济改革的巨大成就。林毅夫的同事回忆说，有时候请他参加校内的论坛，他如果没有新的东西可说，他也去参加以表支持，但不发言，只是静静坐在台下听。有同事把林毅夫比喻为朗润园里的孔夫子，无论是教书育人，还是知行合一、知成合一，这种比喻并不为过。孔子有一次对子贡说“予欲无言”。子贡曰：“子如不言，则小子何述焉？”子曰：“天何言哉？四时行焉，百物生焉。”

（2017年4月22日）

附录

美国、加拿大银行风险管理考察报告

补记：2003年11月，我曾参加工商银行的风险管理考察团，到美国、加拿大等跨国银行考察学习两周时间，拜访了两国当时有代表性的6家大银行（投资公司）及一家参与风险管理标准制订的咨询公司。2008年国际金融危机以来，这些大银行死的死、伤的伤，中国银行业似乎失去了多年来一直学习的标杆，银行业改革不再言必称欧美。国际金融危机确实暴露了欧美国家银行业发展和银行监管方面存在的严重问题，但如果认为中国银行业从1997年亚洲金融危机开始向国际银行业学习，到2008年国际金融危机为止，整体已经达到或超越了国际先进银行的风险管理水平，那未免是盲目乐观。远的不说，就以深圳学习香港为例，虽然2017年深圳GDP即将超过香港，但在银行管理和金融服务方面，学习香港还有很长的一段路要走。如果我们不能很好汲取国外金融危机的经验教训，难免会重蹈覆辙。近年来，在利率市场化的背景下，商业银行尤其是中小商业银行在办理同业存款、同业投资、同业理财等业务过程中存在负债驱动资产、杠杆率过高等方面问题，导致在资产负债管理方面出现了期限错配、利率倒挂、流动性风险上升等潜在系统性风险，本书第二章已经论述了,当前银行业潜在系统性风险背后的机理是美国20世纪80年代储贷危机与2008年国际金融危机风险性质的叠加。2008年国际金融危机以后，欧美银行业进行了历史上最大规模的兼并重组和改革调整，至今还未完全走出本轮金融危机的影响。

为了便于对比国内银行在提高风险管理水平方面所取得的进步与不足，本书在结尾部分附上本人十多年前所写的这份美加银行考察报告，以供读者参考。

（2017年7月2日）

考察报告正文

为了考察学习国际先进银行风险管理经验，掌握国际银行业实施新资本协议的最新动态，工商银行组织的考察团于2003年11月中下旬考察了美国的美国银行、花旗银行、美联银行、普华永道公司、高盛公司，以及加拿大的蒙特利尔银行、加拿大帝国商业银行的风险管理情况。现将这次考察成果汇报如下。报告分四部分：一是美国、加拿大银行风险管理状况；二是美国、加拿大银行实施新资本协议的情况；三是关于全面风险管理的介绍；四是几点启示。

一、美国、加拿大银行风险管理状况

为了对以上5家银行的风险管理整体状况有一个较为深入的了解，我们本次考察的重点是这5家银行的风险管理组织和流程。

（一）美国银行

美国银行是美国的第二大银行，是美国本土的第一大银行，2002年底总资产6604.58亿美元，总部在夏洛特市（Charlotte City）（属北卡罗来纳州）。美国银行的战略定位是美国本土最大的零售银行。其风险管理体系主要是由三部分组成，即业务线、风险管理部门、审计部门。与风险管理密切相关的还有分行、财务部门。

美国银行业务线是按产品或客户类别设置的。业务线一共有四条：个人产品部、零售和商业银行部、资产管理部、全球公司及投资银行部。四条业务线的收入构成情况如表1：

表1　美国银行收入结构情况（2002年）

	净收入 net income（亿美元）	占比
个人产品业务	16	19.5%
零售和商业银行业务	45	54.9%
全球投资银行业务	17	20.7%
资产管理业务	4	4.9%

美国银行风险管理部门分为业务风险管理部门和职能风险管理部门（见图1）。业务风险管理部门负责具体客户信贷授信、贷款审批、贷后管理等工作，这些部门的人员叫业务风险经理；职能风险管理部门负责风险评级、风险计量模型的开发、风险组合管理、风险监测和风险报告等工作。业务风险管理部门与四条业务线对应，设有个人产品风险组、零售和商业银行风险组、资产管理风险组、全球公司及投资银行风险组，分别负责各条线上的业务风险管理。职能风险部门包括市场和操作风险管理组、组合风险分析组、合规组，这些部门的人员为职能风险经理。职能风险经理负责全行风险管理标准、政策的制定、风险管理系统的设计和对业务风险经理的管理。4个业务风险管理组和3个职能风险管理组都归首席风险官（CRO）领导。

CRO负责三项工作，除了负责业务风险管理和职能风险管理以外，还负责内部审计工作。之所以将内部审计归在CRO之下，这是由于西方银行内部审计工作的转向导致的。因为，近些年来，西方商业银行内部审计正由原来的合规审计向风险审计转变，内部审计已成为风险管理的一个重要组成部分。

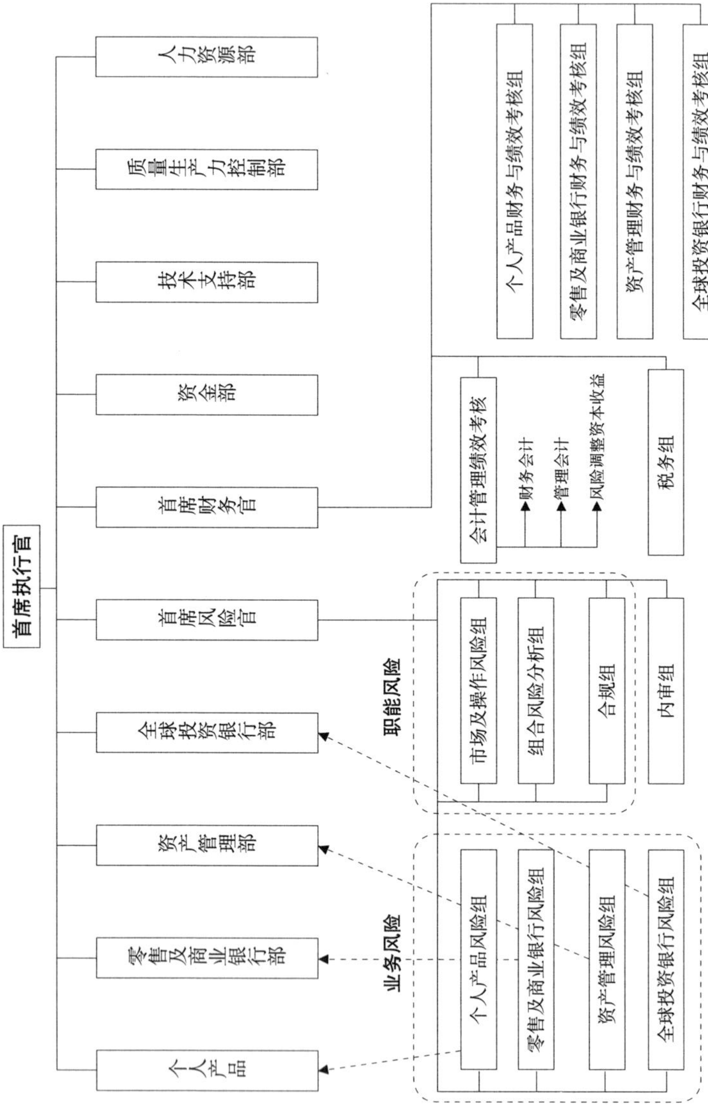

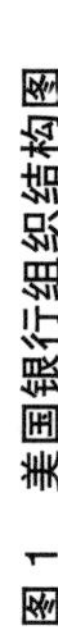

图1 美国银行组织结构图

美国银行的经营运作是以各条业务线为主导的，各分行是各条业务线的营销点。4条业务线派出客户经理在分行所在地办公；与4条业务线对应的4条业务风险管理线，根据需要分别向区域分行（或分行）派出业务风险经理。业务风险经理进驻前台，负责贷款审批和贷后管理，为市场营销提供实时的风险控制。超过区域分行（或分行）客户经理或业务风险经理权限的贷款，沿各自所在的管理线报给上一级审批。区域分行（或分行）不负责职能风险管理，职能风险经理集中在总行办公。在区域分行（或分行）的业务风险经理在行政上接受区域分行（或分行）的领导，在业务上接受总行的垂直领导。即业务风险经理有两条向上的信息交流渠道：一条是向总行对应的业务风险管理组负责人报告，这是主渠道；另一条是向分行市场营销负责人反馈贷款审批及风险信息，这是辅渠道。总行各业务风险管理组负责人也有两条报告路线，即分别向CRO报告和向总行各该条业务线的负责人反馈信息。

为了对各条业务线进行考核，并将风险信息从高层一直向下传达到业务前台，美国银行是通过经济资本分配进行的。经济资本是银行内部测算的抵御非预期损失所需要的资本。预期损失在银行内部被视为业务成本，不是风险。美国银行的首席财务官（CFO）负责三项工作。一是对各条业务线的绩效考核。为此，在CFO下，对应4条业务线分别成立了个人产品绩效考核组、零售和商业银行绩效考核组、资产管理绩效考核组、全球公司及投资银行绩效考核组。二是负责全行的绩效考核。即设立了全行会计绩效管理组（Corporate Accounting Performance Management）负责全行的财务会计和管理会计工作，同时负责经济资本的测算、分配和RAROC（风险调整资本收益）管理。以RAROC为工具，通过向不同的业务线分配经济资本，可以比较考核不同业务线的风险收益，从而引导银行最稀缺的资源—资本，向风险收益高的部门、地区、产品倾斜。对客户经理与风险经理考核内容不同，对客户经理考核其分管客户的RAROC，对业务风险经理、职能风险经理考核其所在小组的风险管理业绩。据美国银行向我们介绍的专家（VP）反映，其财务会计系统与管理会计的数据即将实现对接。CFO负责的第三项工作是银行税务。美国银行通过CFO的工作，将全行4条业务线与风险部门的工作联为一体，共同实施全行的各项目标。CFO的工作已成为风险管理重要一环。

（二）花旗集团

花旗集团是美国第一大银行集团，其战略定位是全球最大的金融服务公司，2002年总资产为10971.90亿美元，总部在纽约。根据今年5月份业务调整后的组织结构，花旗集团的业务线有5条：（1）全球金融消费者集团，负责个人客户的所有业务；（2）全球企业及投资银行，负责各类公司客户的金融业务和投资银行业务；（3）全球投资管理，负责资产管理和其他业务；（4）美邦（私人客户集团），负责证券业务；（5）国际事业部，负责管理花旗集团的海外机构。其中，前4条业务线为利润中心。这4条业务线的收入结构情况见表2。

表2　花旗集团收入结构情况（2002年）

	净收入（亿美元）	占比
全球消费金融集团	84	60.4%
全球企业及投资金融部	30	21.6%
美邦（私人客户集团）	7	5%
全球投资管理	18	13%

花旗集团在CEO下设首席风险官CRO。CRO分管两项工作，一是风险管理（Risk Management），二是风险管理构建（Risk Architecture）（见图2）。

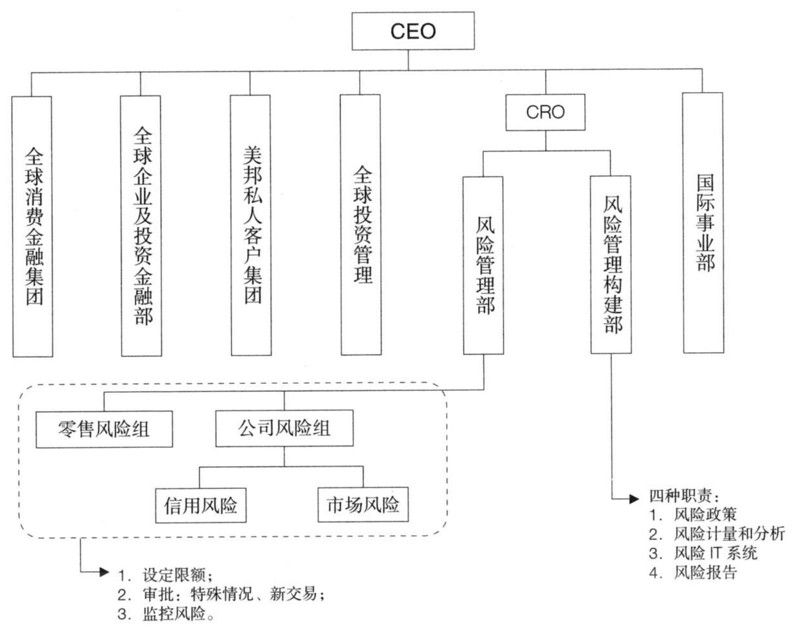

图 2　花旗银行组织结构图

风险管理部下设零售风险组和公司风险组，公司风险组下再分信用风险、市场风险。风险管理部主要负责核定授信额度、审批风险交易（指例外审批和新交易审批）、监督额度的使用和贷后监控。风险管理部实际上也是负责业务风险管理，这些人员与各条业务线的客户经理一起在各区域分行（或分行）所在地办公。风险业务审批实行个人负责制，超过下一级审批人员权限的业务上报权限高一级的人员审批。

风险管理构建部下设信用风险、市场风险、操作风险组。这三个风险组都有四项职能，一是集团的风险政策，二是集团的风险计量和分析，三是集团的风险IT系统设计，四是集团风险报告（如表3所示）。风险管理构建部门的人员集中在总部办公，各区域分行（或分行）不承担该职能。

表3　花旗集团风险管理构建部各组的职能

	信用风险组	市场风险组	操作风险组
风险政策	v	v	v
风险计量和分析	v	v	v
风险 IT 系统设计	v	v	v
风险报告	v	v	v

花旗集团的限额分为行业限额、国家限额、客户限额三种，一年核定一次。行业限额、国家限额由风险管理构建部门核定，客户限额按区域划分权限，由各区域的风险管理人员核定。花旗集团所有客户的评级集中由风险管理建构部门评定。花旗集团的专家介绍说，其内部风险管理分工可以用一句话来概括，即“全球度量，区域管理”。

花旗集团的各条业务线都是以独立法人形式进行运作的。虽然不同业务线的法律关系相互独立，但其风险管理及其建构都由总部负责。即不同法人单位的风险管理构建统一由总部负责，不同法人单位在各区域的业务风险管理人员统一由总部风险管理部调配。

（三）美联银行（Wachovia Bank）（2008年国际金融危机后被富国银行收购，略）

（四）蒙特利尔银行集团

蒙特利尔银行集团（简称BMO）是加拿大的第三大银行，2002年资产总额为总资产2528.64亿加元。其战略定位为领先的跨国金融服务提供者，总部在多伦多，业务集中在加拿大和美国。BMO的风险管理组织主要是由业务线、风险管理线和内部审计线三部分组成。

BMO的业务线有三条：个人和商业客户集团；私人客户集团；投资银行集团。2002年三大业务集团的收入结构情况如表4：

表4　加拿大蒙特利尔银行集团收入结构情况（2002年）

	净收入（亿加元）	占比
个人和商业客户集团	9.68	66.5%
私人客户集团	0.96	9.3%
投资银行集团	5.92	40.7%

风险管理线包括两部分（见图3）。一是集团总部的风险职能部门；二是与三大业务线对应设立的两个风险管理单元，即负责个人和商业客户集团/私人客户集团风险管理单元、负责投资银行集团的风险管理单元。集团总部的风险职能部门主要负责整个集团的风险管理政策、标准的制定和组合管理；三大业务线对应设立的两个风险管理单元主要负责执行前者制定的政策、标准等，即负责授信、贷款审批、贷后管理等工作。

各区域分行风险管理人员分别由总部的两个风险管理单元派出，与所在区域分行各条业务线的客户经理一起办公。但区域分行风险管理人员在业务上接受总部的对口风险管理单元的领导。

BMO的内部审计也是归在首席风险官CRO的领导下。

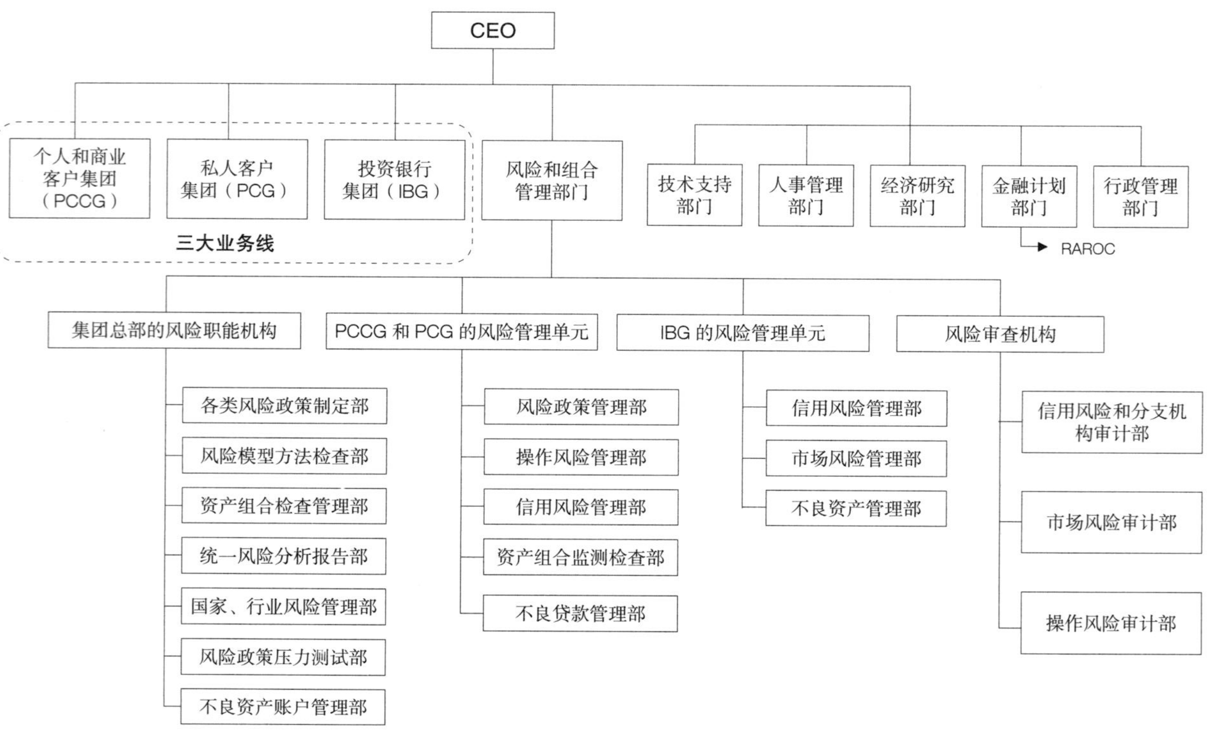

图 3　加拿大蒙特利尔银行组织结构图

BMO经济资本测算和RAROC由金融计划部门负责。

以上是BMO的风险管理组织情况。BMO的这些风险管理组织在其全面风险管理（Enterprise-wide Risk Management，简称ERM）框架下连成一个有机的整体。

BMO的全面风险管理框架有三大支柱，即风险治理结构、有效的风险流程和模型、合格的风险管理人员。

风险治理结构有两方面的内容，一是风险治理的组织结构，二是银行的政策框架。

风险治理的组织结构见图4。有四个层次。第一个层次是董事会风险检查委员会，负责协助董事会履行风险监督职能；第二个层次是首席执行官CEO，就银行承担的各项风险活动向董事会负责；第三个层次是风险管理委员会，支持CEO的工作，其下属的各次级委员会在管理战略、风险治理、风险管理及其他有关例外计划方面，承担监督责任；第四个层次是全面风险管理及组合管理机构，承担风险治理的日常工作。

银行的政策框架包括7个方面的内容：（1）法律和监管要求的合规；（2）行为标准；（3）财务治理；（4）维持控制，包括审计和内部控制；（5）资源管理，包括资本、人力资源、信息、操作技术和程序；（6）日常风险管理，包括信用风险、市场风险、操作风险、流动性/筹资风险管理；（7）战略风险管理。

银行的政策框架可以分为三个层次，这些政策分别由不同级别的人员签发，具体见表5。

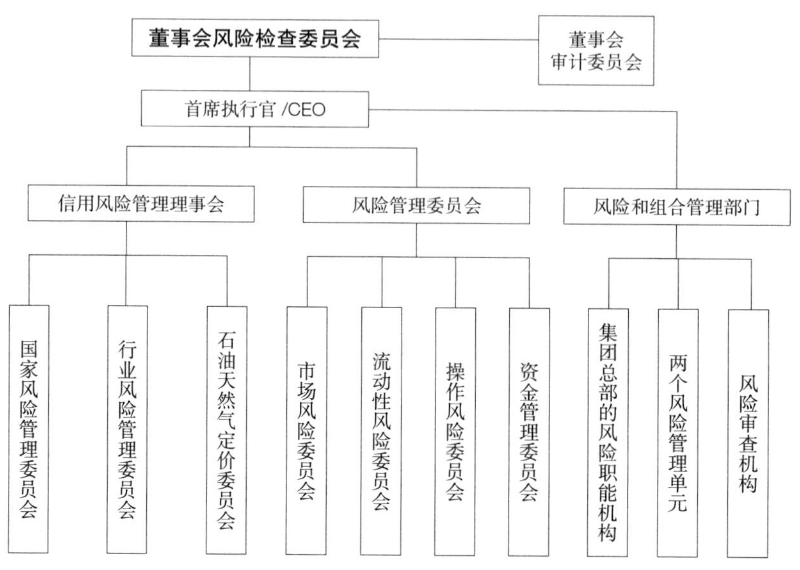

图 4　加拿大蒙特利尔银行风险治理结构图

表5　BMO风险政策层次

政策	签发
全行的政策	董事会
全行各条业务线的标准	1. 全行的风险管理标准，由执行副总裁、副主席、集团总部的风险职能机构、全面风险和组合管理机构的负责人签发。 2. 其他全行性的标准由各条业务线、各个地区的负责人或者其他合适高级风险官员签发。
操作程序 —贷款指导意见 —融资指导线 —各业务线内部政策和程序	1. 全行风险管理操作程序，由执行副总裁、集团总部的风险职能机构签发。 2. 所有其他的操作程序，由各条业务线的负责人或者合适的高级风险官员签发。

全面风险管理的第二支柱是有效的风险管理流程和模型。风险管理流程包括5个方面的内容。一是政策的制订和审批流程；二是

政策实施的监督流程；三是例外计划的处理流程；四是风险状况变动的连续跟踪流程；五是向高级管理层和相应的治理委员会的报告流程。有效的风险模型能够在以上流程执行过程中，对信用风险、市场风险、操作风险等各种风险的大小及其相关性进行计量，同时对各种资产价值进行评估。

第三支柱是合格的风险管理人员。除了使用具有所需能力和经验的风险管理人员外，还需形成良好的风险管理文化，高度重视纪律和有效的风险管理流程和控制；在评估风险和承担风险时，坚持已经确定的风险管理标准；在业务决策过程中，除使用有效的业务模型外，还要应用良好的专业判断；不断学习和提高，维持风险管理技能。

在以上三大支柱组成的全面风险管理框架下，BMO通过其所谓的“整合的风险管理过程”(Integrated Risk Management)，将其风险管理战略与日常的各项业务联为一体，最终实现股东价值最大化。这一整合的风险管理过程，大致有如下几个方面的内容：

一是根据股东的预期价值回报和银行希望得到的评级，确定本行的风险偏好；

二是通过经济资本管理框架，在风险偏好的约束下，在各条业务线之间进行经济资本分配，从而保证各项业务活动与公司的战略目标相一致；

三是及时识别并确保新业务所导致的风险与战略目标一致；

四是进行情景分析（Scenario Analysis）和压力测试（Stress Testing），分析外部环境的极端变化给本行风险状况带来的影响。

（五）加拿大帝国商业银行

加拿大帝国商业银行（以下简称CIBC）是加拿大第二大银行，2002年末资产总额2925.10亿美元。其战略定位是北美领先的金融机构，总部在多伦多。它有四条业务线：零售市场；财富管理；国际市场；AMICUS电子零售银行。2002年四条业务线的收入占比情况见表6：

表6　加拿大帝国商业银行（2002年）

	收益（亿美元）	占比
零售市场	11.71	148.4%
财富管理	1.76	22.3%
国际市场	–1.4	–17.7%
AMICUS 电子零售银行业务	–4.18	–53%

CIBC有一个庞大的风险管理部门——资金、资产负债和风险管理部（简称TBRM）。2002年，CIBC为了进一步加强风险管理，将原来的资金和资产负债管理部门与风险管理部门合并，成立了现在的风险管理部门TBRM。该部门由首席风险官CRO负责，主要有六项职能（见图5），管理信用风险、市场风险、操作风险、资金营运、资产负债管理和新资本协议项目组。负责信用风险管理的有三个组：公司和商业贷款审批组、信贷和投资组合管理组、零售风险管理组。负责市场风险的有两个组：交易室风险度量、监测和控制组，业务分析方法及模型验证组。

CIBC的4条业务线和风险管理线相互独立。

CIBC的RAROC由首席风险官CRO下面的资产负债监测和控制组负责。CIBC没有设首席财务官CFO。

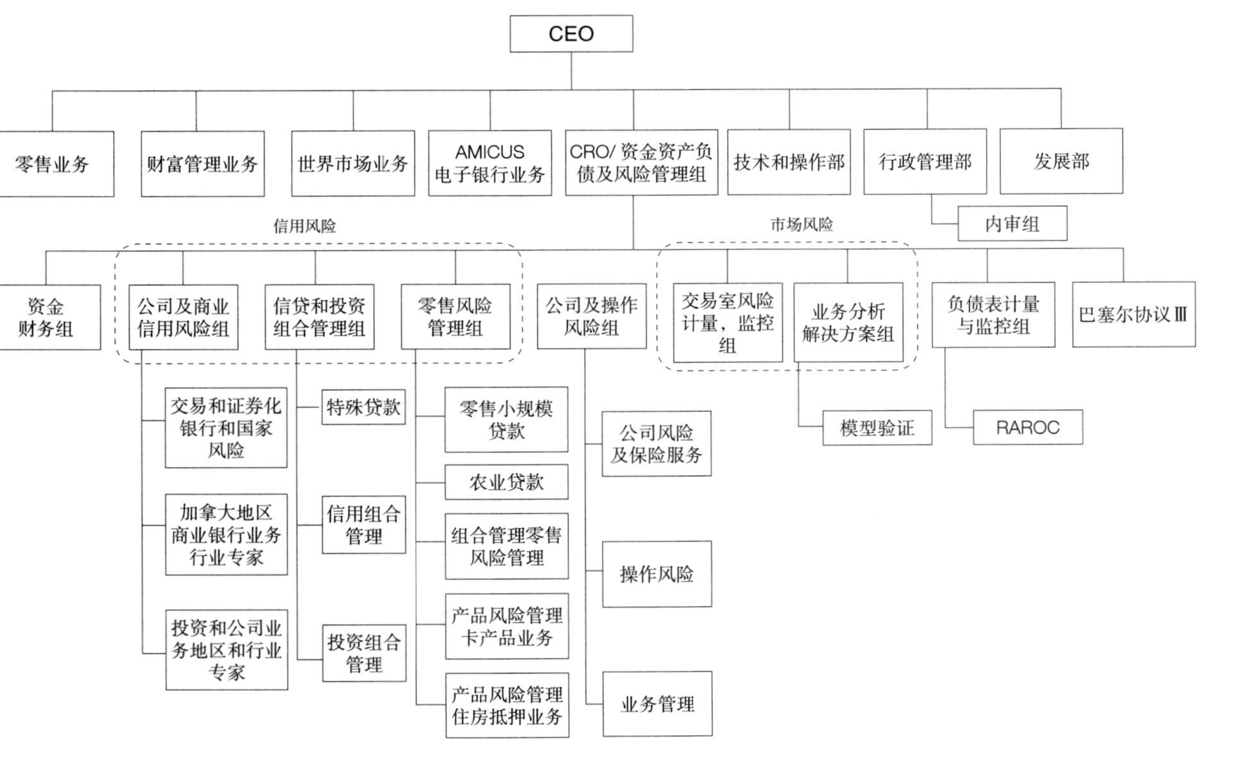

图 5 加拿大帝国商业银行全面风险管理框架

内部审计由行政管理部门负责。

（六）五家银行风险管理体系比较

通过对以上五家银行风险管理状况的分析，可以看出，这五家银行风险管理体系存在许多共同的特征。这些特征，不因各行的业务结构、地区结构和发展历史的差异而改变。我们认为，这些特征具有一定的规律性；纵观西方商业银行上百年的发展历程，这些规律性的特征代表了现代商业银行风险管理的发展趋势。这些特征包括以下几个方面。

1. 具有明确的战略定位

五家银行都有自己明确的战略定位，如美联银行定位在超级地区零售银行、美国银行定位为美国本土最大的零售银行、花旗集团定位为全球最大的金融服务公司等。这些银行之所以如此重视战略定位，是因为战略定位影响银行的业务结构，业务结构影响风险结构，风险结构影响风险管理体系。银行的风险管理体系只有与风险结构相适应，才能取得较好的业绩。反之，则反是。如美联银行由于有明确的定位，成为美国东部地区最大的零售银行，超过美国银行在该地区的零售业务，2002年美联银行的股东回报率高达19.5%，在美国最大的50家银行中居首位。又如，加拿大帝国商业银行2002年由于部分业务线出现亏损导致其年度利润大幅下降，但经过2002—2003年经营战略和风险管理方面的调整，2003 年该行的利润出现明显回升。

2. 业务线与风险管理线相互独立，垂直管理

这些银行在各条业务线之外，都成立了独立的风险管理线。这样一方面有利于内部制衡；另一方面，由于风险管理工作技术性较强，将风险管理职能从各条业务线独立出来，有利于风险管理技能

的积累和提高。

业务线与风险管理等其他职能管理线，从总行到区域分行（或分行）都实行垂直管理。这样，对业务线来说，有利于从全行的角度抓好市场营销；对于风险管理线来说，只有实行垂直管理，各区域分行的风险管理人员才能独立于所在区域分行的利益；对于全行来说，通过各条垂直管理的业务线和职能线，总行与各分行联为一个整体，避免了各分行各自为战、全行则是“小舢板拼成的航空母舰”的尴尬局面。

3. 分行主要职能是营销

由于总行的各部门从上到下实行垂直管理，区域分行（或分行）的营销人员、风险管理人员（如果设置风险管理岗位）的岗位安排、职务晋升、工资待遇等一概由总行定，区域分行（或分行）实际上成为全行的营销点。这样，业务线、风险线、区域分行（或分行）三者即构成了银行风险管理的三维体系。

4. 业务风险区域管理，职能风险集中管理

风险垂直管理并不等于集中管理。以上几家规模较大的银行如美国银行、花旗集团、蒙特利尔银行集团，其风险管理部门都细分为两部分，一部分属于业务风险管理，一部分属于职能风险管理（如美国银行的风险经理明确分为业务风险经理和职能风险经理，其他银行的称谓虽有差异，但其两部分风险管理的性质是类似的。为便于叙述，统一借用美国银行的称谓）。业务风险管理负责授信、贷款审批、贷后管理等职能；职能风险管理负责风险管理政策、标准的制定，风险评级与计量，组合管理，风险报告等工作。业务风险经理由于需要与客户接触，所以他们与客户经理一起下到

各区域分行，在当地管理各种业务风险，但仍然接受总行业务风险管理部门的垂直领导。职能风险经理由于要从全行的角度把握风险，且与客户接触较少，因此，可以在总行集中办公，集中管理。

5. 测算经济资本和采用RAROC绩效考核工具

银行最稀缺的资源是资本金，资本金用于抵御风险。但风险可能来源于各条业务线、各地区或各个交易员，这就需要测算不同的风险源所需要的资本以及银行整体的真实风险所需要的资本，即测算经济资本。衡量一条业务线、一个交易员的业绩，要将其收入与风险（经济资本）大小进行比较，即进行风险收益绩效考核。以上几家银行的经济资本测算与分配系统已经运行多年了，他们的风险绩效考核指标都是RAROC。为了测算各条业务线、各地区、不同的客户、不同的交易员的RAROC，实际上是要建立一个RAROC系统。该系统须有两个前提条件，一是管理会计系统，二是风险计量系统。新资本协议就是在国际先进银行风险计量、经济资本测算实践的基础上产生的。对于这些风险管理水平先进的银行，他们因内部管理的需要测算的经济资本往往低于1988年资本协议规定的监管资本，因此监管资本高估了这些银行的风险水平。新资本协议的基本思想是让那些风险管理达到其规定的最低要求的银行，采用内部测算的经济资本作为监管资本。风险计量是整个风险管理体系的核心。

6. 内部审计是风险管理的重要内容

如美国银行、蒙特利尔银行集团，内部审计都归在首席风险官的管辖范围之内。这是由于西方商业银行的内部审计已由合规审计转向风险审计。

二、美国、加拿大银行实施新资本协议的情况

（一）实施新资本协议的概况

根据考察期间普华永道公司的专家向我们介绍的情况，目前国际银行业平均在信用风险、市场风险和操作风险三方面分配的资本比例见表7：

表7　国际银行业平均资本分配比例

风险类别	占资本金的比例（%）
信用风险	53
市场风险	17
操作风险	30

资料来源：普华引自ISDA/RMA/BBA study。

对于信用风险、市场风险、操作风险的计量水平，欧洲银行与美国银行存在一定的差距；而美国银行业对于市场风险、信用风险、操作风险的计量技术也是逐步发展起来的，目前他们操作风险的计量水平相对较低（见表8）。

表8　美国、欧洲银行各类风险的计量水平比较

	美国	欧洲	备注
市场风险管理	vvv	vv	
——交易风险	vv	vv	
——资产负债管理风险	vv	v	
信用风险	vv	v	信用衍生产品
操作风险	v	v	

注1：资料来源于普华永道公司。

注2：由vvv——v，表示水平由高到低。

我们在对以上几家银行的考察中也证实了普华公司的观点。如美国银行认为本行实施新资本协议的主要任务在于操作风险和IT系统的升级。花旗集团向我们详细介绍的实施新资本协议的项目也是操作风险管理。

（二）实施操作风险项目

在新资本协议公布以前，银行业关于操作风险没有统一的定义，一般将信用风险、市场风险以外的其他风险都称为操作风险。新资本协议明确界定了操作风险的范围（比原来缩小了），即所谓操作风险是指由于不完善或有问题的内部程序、人员、系统，或外部事件所造成的直接或间接损失的风险。本定义包括法律风险，但不包括战略风险、声誉风险、业务风险。显然，操作风险不是新的风险，也不仅仅是后台才有的风险。在实施新资本协议的过程中，各行关于操作风险的定义还是有差异。如加拿大帝国商业银行操作风险的定义同新协议一样，美联银行的操作风险包括业务风险，花旗银行的操作风险包括业务风险和声誉风险。目前，美国银行、花旗银行在操作风险管理方面，均达到了六西格玛（6Ω）的管理要求。下面重点介绍一下花旗集团操作风险管理情况。

花旗集团已经实施的操作风险管理框架包括6要素：风险识别、风险评估、风险缓释和控制、风险监控、风险度量及风险报告。花旗银行是分步实施这一框架的。

第一步是界定操作风险政策、程序和治理结构。花旗集团统一的操作风险政策包括两个方面。一是在整个集团内确定一致的操作风险定义、最低标准、人员角色和职责；二是确定风险和控制自我评估标准（Risk and Control Self-Assessment，RCSA）。操作风险程序和治理结构是指，每条业务线在全球范围内要采取集团总部的操作风险政策，制定和颁布本业务线所需的操作风险政策和程序，建立操作风险治理结构。这里隐含了三个要点，一是明确规定了操作风险由各条业务线经理承担；二是集团操作风险管理部门独立于各条业务线；三是内部审计人员进行独立审查。

第二步各条业务线进行操作风险度量，包括以下几个方面的内容：（1）进行综合的风险和控制自我评估（RCSA）；（2）识别和评估关键的操作风险和控制；（3）识别和报告关键的风险指标；（4）利用技术平台，收集操作风险损失数据。这里的技术平台是指，能够给各条业务线提供有效界面的损失数据库。花旗集团将在全球范围内通过内部网安装这种损失数据收集系统，目前已在部分业务线开始安装；（5）度量操作风险，包括度量操作风险所需的经济资本。花旗集团目前是使用一种过渡方法，最终将使用调整的损失分布法（Adjusted LDA）进行度量。这里的调整是指，根据一些定性因素和打分卡等评估结果，对损失分布法的度量结果进行调整；（6）按照一定的流程报告操作风险。

第三步是管理阶段。采取合适的方式检查和监督操作风险暴露和损失情况；确定操作风险容忍度；检查操作风险暴露是否超过容忍度。

花旗集团认为操作风险管理是业务文化的一部分，是一个渐进的过程。花旗集团已制定了操作风险政策，同时，咨询了各条业务线和职能线的高级管理人员，其中所有重要的业务线已经达到了这些政策要求。这项工作花了一年时间。第二年扩大了实施范围，内部审计人员已经对每条业务线进行了正式的审查。目前，操作风险数据库和报告系统正在开发之中。

花旗集团认为操作风险管理成功，需要三个关键因素，一是高级管理层的支持；二是多部门的参与（如财务、风险、操作和技术部门、审计部门等）；三是业务部门接受。

（三）新协议所要求的数据管理与IT系统

我们所考察的几家银行都强调数据管理对于实施新资本协议的重要性。根据新资本协议的要求，测算PD要5年的内部数据，测算LGD要7年的内部数据。加拿大帝国商业银行已有10—15年的数据，但该行也认为自己面临数据问题。对于现有数据，该行面临的最大挑战，是如何将来自70多个系统的数据，按统一的格式迁移到一个新系统中。该行已投资*亿加元、由90余名IT人员参与数据整理。数据的挑战还来源于，实施全面风险管理要求满足全行各层次的人员对数据的要求，包括风险分析环境、每天的风险报告要求、审慎的风险分析、监管分析、历史分析和数据挖掘。为了支持这些广泛的数据要求，普华永道公司将新资本协议所要求的数据管理流程总结为8个前后衔接、首位循环的步骤：

1. 确定业务需求。包括新资本协议的要求、组合管理的要求、绩效考核的要求；

2. 决定计算监管资本的方法：标准法、基础法、高级法；

3. 提出数据要求：根据不同的监管资本计算方法提出数据要求，如数据定义、数据质量、分产品类型的数据等；

4. 确定数据来源，如贷款系统、资本管理系统、抵押物系统、信用卡系统等，或外部数据；

5. 数据抽取（Data Extraction），包括抽取路径、选择标准、抽样等；

6. 数据转换（Transformation），包括数据匹配（Mapping）、

轧差（Netting）及异常数据调整（Haircuts）；

7. 分析过程，如估计PD、LGD、EAD等指标；

8. 返回测试（Back Testing）/验证(Validation)，包括实际违约数据与模型估计的违约指标比较以及模型的验证。

为了达到新协议的要求，风险管理信息系统必须能够同时满足业务部门、风险管理部门、财务部门及绩效考核以及外部监督检查的要求，因此，IT系统必须是集中化（Centralized）的系统。下面以加拿大帝国商业银行信用风险管理不同层面的数据流程图（见图6），以及经济资本与监管资本的测算统一框架图（见图7），说明这种集中化的风险管理信息系统建设思路。

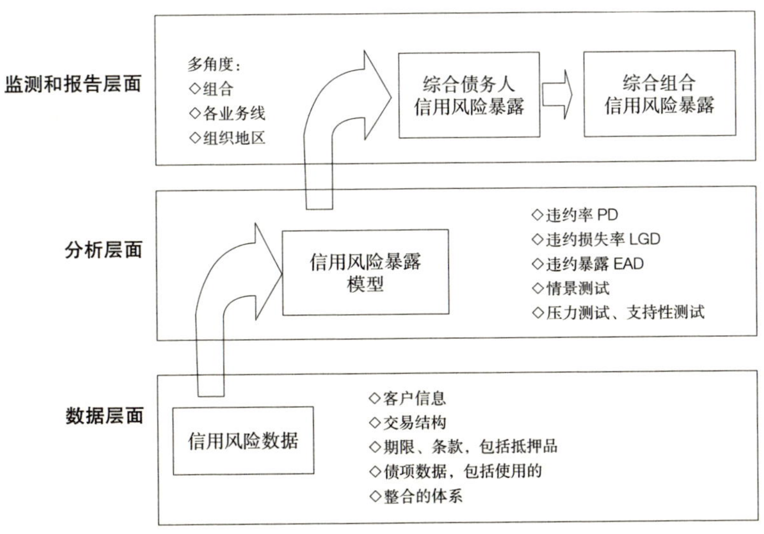

图6　加拿大帝国商业银行信用风险信息流

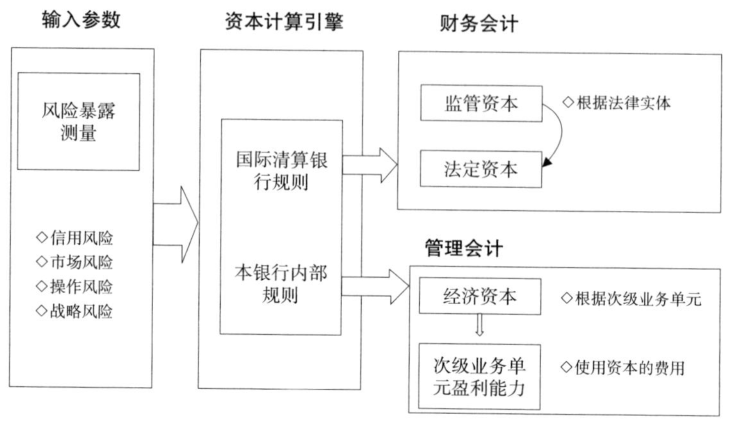

图 7　加拿大帝国商业银行资本测算系统统一框架

三、关于全面风险管理的介绍

在考察中，我们感觉到，全面风险管理（Enterprise-wide Risk Management，简称ERM）是风险管理的发展新趋势。1988年以来，巴塞尔委员会根据银行风险计量的实际水平，先是将信用风险纳入监管资本的范围，1996年又将市场风险纳入，2001年出台的新资本协议则将信用风险、市场风险和操作风险三类风险纳入第一支柱监管资本的范围。但银行的风险还不止这三类风险，还有业务风险、战略风险、声誉风险等。对于这些风险，新资本协议是通过第二支柱、第三支柱进行监管的。无论这些风险是归入第一支柱、第二支柱，还是第三支柱，商业银行都必须管理好，即必须实行全面风险管理。在风险管理实务中，虽然多年来广泛使用全面风险管理这个名词，但对于全面风险管理的概念，以及如何进行全面风险管理，一直没有统一的认识。如加拿大蒙特利尔银行与帝国商业银行都声称本行是实行的全面风险管理，但两行全面风险管理的概念和方法是不一样的。为了在全球范围内统一全面风险管理的概念和管理框架，美国著名职业协会COSO(The Committee of Sponsoring Organizations of the Treadway Commission)，从2001年1月起开始进行全面风险管理框架的研究。2001年12月安然事件后，COSO加快了这一研究进程。COSO在对公司董事会和审计委员会所关心的问题进行调查的结果表明，公司风险和风险治理在问题清单中排首位。“近几年出现的一系列事件说明，我们再也不能单独的考虑一个个风险”，“必须在贯穿企业的整个范围内考虑各种风险”。普华永道公司接受COSO的委托起草全面风险管理框架，于2003年7月提交了全面风险管理框架（Enterprise-wide Risk Management Framework）初稿，终稿将于2004年初公布。这是一个概念性的框架，适用于各种规模的机构进行风险管理，包括营利性公司、非营利性、政府机构等。下面简要介绍ERM框架的主要内容。

根据ERM框架，“全面风险管理是一个过程。这个过程受董事会、管理层和其他人员的影响。这个过程从企业战略制定一直贯穿到企业的各项活动中，用于识别那些可能影响企业的潜在事件、以将风险管理控制在企业的风险偏好之内、合理地确保企业取得既定的目标。” ERM框架有三个维度，第一维是企业的目标；第二维是全面风险管理要素；第三维是企业的各个层级。

第一维企业的目标，包括战略目标、经营目标、报告目标和合规目标。与国内银行偏重于经营目标不同的是，美国、加拿大银行都非常重视战略目标、报告目标、合规目标。如对于合规目标，美国、加拿大对银行的监管非常严格，银行也非常重视各种监管规则，认为达到这些规则要求的过程也是提高管理水平的过程。如美国银行在CRO下设立专门的合规部门。

第二维全面风险管理要素，有8个：（1）内部环境；（2）目标设定；（3）事件识别；（4）风险评估；（5）风险反映；（6）控制活动；（7）信息和交流；（8）监控。

（1）内部环境。

包括风险管理理念、风险偏好、风险文化、下属机构的风险亚文化、对风险现状的认识、董事会、诚实和道德价值观、对员工能力要求与成本的权衡、管理层的理念和经营风格、组织结构、授权和职责、人力资源政策和实践、各部门/各下层机构内部环境的差异性。

（2）目标设定。

每个企业都面临来自内外部的各种风险，有效的事件识别、风险评估和风险反映的前提条件是确定企业的目标，且企业的各个层次都要与这一目标相联系。已确定的战略目标是经营目标、报告目标和合规目标的基础。设定的目标要与企业的风险偏好一致，而风险偏好又确定企业各项业务的风险容忍水平。

（3）事件识别。

为了实施战略、取得企业的目标，管理层要识别影响企业能力的各种潜在事件。只有那些有潜在的负效应的事件才是风险，对此管理层要进行评估并作出反映。那些带来正效应的事件代表机会，为了利用这些机会，管理层引导这些机会回到战略和目标的制定过程中去。管理层要在整个企业范围内考虑各种潜在事件。根据这种关于风险的概念，“高风险，高收益”的观念就是错误的。因为风险是减少收益的，如果增加收益，那就不是风险，是机会。

（4）风险评估。

在这部分提出了一组风险评估的概念。

内在风险和残余风险：内在风险，是指管理层可以采取但没有采取任何措施时的原有风险大小；残余风险，是指管理层作出风险反映以后的风险大小。所谓风险评估首先是评估内在风险；但作出了风险反映以后，风险评估是指评估残余风险。

估计风险发生的可能性及其发生后导致的损失大小。

使用估计数据评估风险，比完全凭主观判断评估较客观。一般内部数据比外部数据好。但外部数据可以用于对内部数据进行检查对照。使用过去的数据预测未来要十分谨慎，因为影响事件的因素会随着时间而改变。

评估的方法有定性和定量两种，一般是两者的结合。当然，定量方法更准确。定量方法如标杆对照法、概率模型法、非概率模型法(如敏感分析、压力测试、情景分析等)。

要注重事件相关性的评估。

（5）风险反映。

包括风险回避、风险减少、风险分担、风险接受四类反映。

（6）控制活动。

控制活动通常与风险反映相结合。ERM框架没有对控制活动作特定的分类，仅举例说明了各种控制活动，如职能部门或业务部门的控制、信息处理控制、实物控制、绩效指标控制等。不论是哪一类控制活动，通常都包括两个因素，即政策和程序。ERM特别强调对信息系统的控制活动。包括两类，一类是对适用于任何信息系统的信息系统一般控制；另一类是应用控制，即适用于特定应用系统的控制活动。

（7）信息和交流。

信息系统使用内外部数据和事件信息，帮助风险管理人员作出与企业目标相关的决定。有效的信息交流必须在企业范围内从上到下、从下到上以及横向交流。所有人员能从高层接收到清晰的信息，须严肃认真履行好全面风险管理。他们须有合适的方式向上交流重要信息。与外界也须做好有效交流。

（8）监督。

提出如下概念：连续监督与定期评估；谁评估；评估流程、方法、文档；报告什么；向谁报告；报告指引。

第三个维度是企业的层级，包括整个企业范围、职能部门范围、业务线范围、子公司范围。

ERM三个维度的关系。目标维度与要素维度的关系是，全面风险管理的8个要素都是为企业的四个目标服务的；目标维度与层级维度的关系是，各个层级都必须围绕企业的四个目标；要素维度与层级的关系是，对于每个层次的风险管理，都必须从8个方面进行管理。

全面风险管理与内部控制的关系。COSO于1992年公布了内部控制统一框架（Internal Control—Integrated Framework）。该框架阐述了内部控制的5个要素：控制环境、风险评估、控制活动、信息和交流、监督。因此，全面风险管理的8个要素完全包括了内部控制的5个要素，且对其中相同的5个要素做了相当大程度的扩展。即全面风险管理涵盖了内控。

四、几点启示

通过对以上五家银行的考察，我们得出以下几点启示：

1. 工商银行经过前些年先分行、后总行的改革，在各分行营销体系的改革方面已经取得很大的成功。目前，全行改革的重点已经转移到总行管理层面。在总行层面的改革中，国外先进银行的管理体制有许多内容值得借鉴。近年来通过各部门的出国考察活动，工商银行已经较好地了解了国外先进行的管理体制及其运作体系，这就是说我们已经具备按照国际先进银行的管理模式，对总行管理体制进行整体设计的条件。因此，工商银行有必要在完善公司治理结构的同时，对全行尤其是总行的管理体制进行整体设计和实施。

2. 全面风险管理体系由组织、流程与模型、人员三大支柱组成。虽然组织、流程与模型的构建可以在短期内完成，但风险管理人员风险管理理念的树立和现代风险技能的提高，是一个渐进的过程。因此，全面风险管理体系在全行范围内的实施，是一个渐进的过程。

3. 在由传统经验型风险管理体制向现代科学风险管理体制转轨的过程中，如果缺乏统一的控制，在转轨过程中将会出现制度空白，导致管理转型风险。为了杜绝这类风险，首先需要理顺现有风险管理部门之间的职能分工，组建一个独立的职能风险管理部，负责信用风险、市场风险、操作风险计量和分析、全行统一的政策和流程设计、风险管理信息系统设计和风险报告。

4. 在总行风险管理职能得到加强的前提下，改革信贷业务审批体制，合理划分总行、各区域分行的审批权限。最终实现职能风险集中管理、业务风险区域管理。

5. 大力借鉴国际先进银行的经验并参照新资本协议的要求，尽快建立风险计量系统和管理会计系统。在此基础上，力争早日实现经济资本分配和RAROC绩效考核。达到新资本协议的要求和国际先进银行的管理水平。

6. 改变现行的业务核算单位，由分行独立核算过渡到各条业务线独立核算，对各条业务线进行经济资本分配。同时信贷业务审批人员实行垂直管理。即各条业务线、业务风险线、职能风险线全部实现垂直管理。

7. 收入分配向盈利较多的部门倾斜，实现利润最大化。在新的经济环境下，进一步调整发展战略。

（2003年12月）

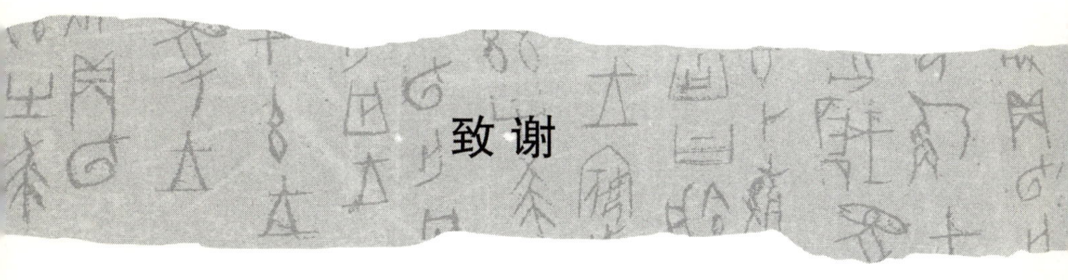

致谢

衷心感谢中南财经政法大学金融学院院长宋清华教授、《中国金融》杂志社首席编辑张驰女士，在他们的鼓励和帮助下，我的风险随笔结集出版的愿望付诸行动，才有了本书的最终面世。衷心感谢编辑部主任陈翎女士、张志文女士及吕颖女士牵头的设计团队，她们为本书的出版所表现出的耐心、细致和精益求精的敬业精神令我敬佩。

本书的内容来自于自己多年风险管理工作实践的总结，非常感谢工商银行、平安银行、广发银行等银行曾经共事过的领导和同事给予我的指导和无私帮助，在风险领域他们是我的引路人和并肩挑战风险的战友。风险岁月锻炼我成长，如实反映中国银行业风险管理改革进程和自己投身改革的心路历程，既是对老领导和同事的一个交代，也是对后来者的一份义务。尤其感谢工商银行深圳分行原行长林谦先生，他是我在银行专业领域的入门引路人；感谢工总行原信贷评估部总经理赵银祥先生，在工总行工作期间，他的宽容大度令我终生难忘；感谢工总行风险管理部总经理刘瑞霞女士，她带领我开阔了国际先进银行风险管理视野；感谢工总行原信用卡中心执行副总裁彭建寅博士，他鼓励我在工商银行博士后工作站继续完成博士后深造；感谢工总行城市金融研究所所长周月秋博士，他作为行内导师指导我完成了博士后研究工作。正是在工总行的这段经历，使我与全面风险管理研究结了缘并开花、结果。

特别感谢我的博士后导师林毅夫教授在百忙中为本书作序。本书关于风险管理的经济学理论背景和分析方法，大多来自于林老师提出的新结构经济学，没有林老师对我的指导，我写不出这些分析性的文字。林老师提出的比较优势战略理论，使我在风险分析和投资分析中不会迷失方向，我体会到，追随民族复兴的大时代是最好的风险管理。承蒙林老师提出的“林门四句教”（因行得知、用知践行、以成证知、知成一体）的熏陶，给了我将实践上升到理论的勇气。本书还提到或引用了其他学者、专家的观点，在此一并表示感谢，恕不一一列明。

最后，我要把这本书献给我的妻子和儿子。我在京广深三地工作和奔波，本书每一个字都饱含对妻子的歉疚和对儿子的寄托。

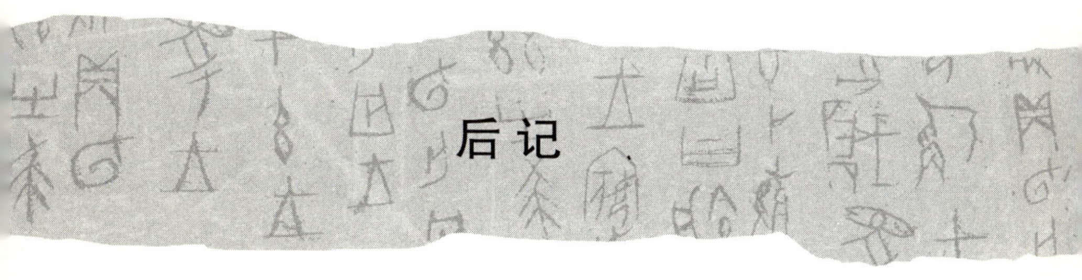

后记

美是唯一的真实

每周往返于广深，在广州东站月台下的人行通道里，可以见到一幅“美是唯一的真实”的油画挂在通道两边的墙上，吸引着南来北往的旅客目光，不知曾经引发多少匆匆而过的旅客遐思！我对油画艺术是门外汉，给我启示的是这幅画的名字。真、善、美三个问题自柏拉图提出以来，西方文化一直沿着以真统一善美的方向发展，中国文化是以善统一真美，在现代中国学术界，李泽厚提出以美统一真善。我个人支持李泽厚的观点。张世英提出“欲望境界、求知境界、道德境界和审美境界”现代四境界说，最高境界也是审美境界。

小时候在农村常听大人讲到下面这个笑话。公社插队干部走乡串户，一天来到一个穷苦人家插户（指帮农户干活也在农户家吃饭），主人不知道用什么招待这位干部。后来想起在阁楼上还有一点红苕粉，当地逢年过节都会用苕粉包巴饦（类似北方面粉包的饺子，里面有馅，但外面是圆的，也比饺子大），可以做一顿巴饦招待客人。午饭时分，巴饦做好了，先在铁罐里用水煮熟，再在锅里放点油、葱花、酱油爆炒一下，金黄香喷的一大盘巴饦就上餐桌了。主客落座后，主人先表示歉意，“家里困难，没有好东西招待领导，包了一点巴饦，不知您是否喜欢吃？”这位干部尝了第一口后就连声说“好吃！好吃！每餐吃巴饦都可以！”

小时候还记得，祖母听到这类穷苦人家捉襟见肘的事情，总要发出类似的感叹，“关起房门躲债主，跳出墙外赶人情！”在武汉上学时，周末有时去叔祖家打牙祭。那时刚刚改革开放不久，农村温饱问题有了改善，吃肉还困难，城市好一点的家庭大概每周可以吃一次肉。每次去叔祖家，他们一家都很热情，叔祖母总要下厨做些好菜，如武汉的蓑衣丸子、酱骨架等。回想起当时的美味，至今还能感受到亲情的温馨。经历过小时候的生活困难，我知道，那时叔祖家这样的“家常便饭”并不是每天常有的，只是他们把生活的况味中仅存的美好的一面展现在我这位乡下来的堂孙面前。

北大教授张中行先生的《负暄琐话》系列散文集被有的学者称为是现代《论语》，生活不管是否顺遂，在他笔下都能留下优美的情调。他说自己的人生信条是“三不主义”：食不求饱、居不求安、不嘀咕。前外交部部长、人大前新闻发言人李肇星曾经请教季羡林先生，如何做好新闻发言人。老先生给的建议是：假话全不说，真话不全说。北大李零教授考古研究认为，《老子》成书在《孙子兵法》以后。可以看出，《老子》中有很多名言来自家国兴亡惨痛教训的总结，如“六亲不和有孝慈，国家混乱有忠臣”“知雄守雌”“知白守黑”“知荣守辱”。随着人生阅历的增长，有时看《老子》会情不自禁地掉泪。一部五千言的《老子》流传了两千多年，总结了多少家国兴亡史，道出了多少说不尽的英雄豪杰黎民百姓心酸事啊！张五常教授认为，能流传30年而不衰的著作方可称为名著，逝者如斯，在微信微博、大数据时代，每个人都是写手，写文章的人比看的人多，文章似乎不再是以流传的时长来评价，而是以点击数来衡量。正如苏子年轻时所言，“人生到处知何似，应似飞鸿踏雪泥；泥上偶然留指爪，鸿飞那复计东西”。天地何曾不在一瞬，美也在刹那之间。

（2015年10月8日）